社会主义核心价值体系建设
“双百”出版工程
项 目

/ 100位

新中国成立以来感动中国人物/

邱少云

姜 安/著

吉林文史出版社

《100位新中国成立以来感动中国人物》丛书

编　委　会

前言

每个人的心中都多少有一点英雄情结，都向往英雄、景仰英雄。也正因此，在中华人民共和国建国六十周年之际，由中央十一部委联合组织开展的“100位为新中国成立作出突出贡献的英雄模范人物和100位新中国成立以来感动中国人物”的评选活动中，群众参与投票总数近一亿。这其中的每一张选票，都表达了人们对英雄模范的崇敬之情，寄托着对伟大祖国的美好祝福。

一个民族不能没有英雄，否则这个民族就不会强大。当国家危难之时，懦弱者选择了逃避、妥协甚至投降，英雄们却挺身而出，用热血捍卫民族的尊严，人民的幸福。在创立和建设新中国的伟大历程中，涌现出无数可歌可泣的英雄模范人物。他们之中，有为了民族独立和人民解放而英勇牺牲的革命先烈，有为了党和人民的事业而不懈奋斗的优秀共产党员，有在全民族抗战中顽强奋战、为国捐躯的爱国将士，有英勇杀敌的战斗英雄和革命群众，有积极从事进步活动的著名民主爱国人士和国际友人……他们是民族的脊梁、祖国的骄傲，是激励全体人民团结奋斗的精神力量。

《100位新中国成立以来感动中国人物》丛书，就像一部星光璀璨的英雄谱，真实、完整地记录了英雄模范人物不平凡的一生，再现了他们非凡的人格魅力和精神世界。舍身堵枪眼的黄继光，拼命也要拿下大油田的王进喜，中国原子弹之父邓稼先，新时期领导干部的楷模孔繁森……一串串闪光的名字，一个个动人的故事，犹如群星闪烁，光耀中华。

当今中国正处于伟大变革的时代，迫切需要涌现出一大批勇于承担历史使命、为祖国和人民奉献一切的先进人物。在“双百”人物崇高精神的引领下，在建设社会主义现代化国家的征程中，必将英雄辈出。

生平简介

邱少云(1926–1952)，男，汉族，重庆市铜梁县人。

邱少云出身贫寒，父母早逝。他从小以种田、帮工维持生活，并照顾两个弟弟。1949年曾被国民党军队拉壮丁。1949年参加中国人民解放军，从此享受到人民军队的温暖。1951年他随部队入朝作战。次年10月，部队奉命攻占391高地美军前哨阵地，邱少云所在排潜伏在距敌前沿阵地60米的蒿草丛中。12月12日，美军发射侦察燃烧弹，恰巧落在邱少云潜伏点附近的草丛中，烈火蔓延到他身边，燃着了棉衣、头发、皮肉……为了不暴露潜伏部队，他强忍剧痛，双手深深插入泥土，始终遵守战斗纪律，一动不动，直至牺牲生命。战后，他的生前所在部队追认他为中国共产党党员，追授“模范青年团员”称号，中国人民志愿军总部给他追记一等功。并授予“一级英雄”称号。朝鲜民主主义人民共和国授予他英雄称号和金星奖、一级国旗勋章。

◀邱少云

目录 MULU

邱少云的名字被中朝人民永远铭记（代序）

在美丽的朝鲜民主主义人民共和国上甘岭的东侧，平康与金化之间的二十五高地上，有一座雄伟的山峰。山峰的一面石壁上，镌刻着一行二十五个鲜艳夺目的大字：

为整体、为胜利而自我牺牲的伟大战士邱少云同志永垂不朽。

鲜红的大字，像团团火焰、朵朵云霞，永远镶嵌在兄弟邻邦的秀丽山河上。它们将世世代代、万古千秋地向人们述说着一个惊心动魄的故事——

1950 年 6 月 25 日，美帝国主义悍然发动了侵略朝鲜的战争，把战火烧到鸭绿江边，严重威胁着不满周岁的中华人民共和国。在此关键时刻，中共中央和毛泽东主席决定，派遣中国人民志愿军开赴朝鲜，同朝鲜人民和朝鲜人民军并肩作战，抗击侵略军。

邱少云就在志愿军的队列中。他在夺取三九一高地的战斗中，为了完成潜伏作战任务，严守战场纪律，任凭烈火在他的身体上燃烧 30 多分钟。

医学界普遍认为，一个人对于肉体痛苦的反应是本能，而本能是不受意志支配的。

然而，普通士兵——邱少云却以常人难以想象的顽强意志，一动不动地忍受着火焰一丝一丝地吞噬自己的肌体，默默地在烈火中结束了他 25 岁的年轻生命……这是何等漫长的 30 分钟！每一分、每一秒，都是对人的肉体及精神承受力的最严酷的考验！每一分、每一秒，都是对一名军人、一名士兵心灵境界的展示、注释。

邱少云的举动，令医学界为之震惊！

他有何等的意志力？

他有何等的自我牺牲精神？

这意志力与自我牺牲精神，来自何方？

本书作者曾经循着他的人生足迹，在中国的十多个乡村、城镇中跋涉，寻觅答案……

穷娃儿

不供菩萨的小屋

☆☆☆☆☆

在旧中国,生活在原四川省(现重庆市)铜梁县邱家沟的乡亲们认为:人过日子,怎么能不求菩萨呢?

邱家沟是穷得要命的小山沟。位于铜梁县西北部丘陵地带的邱家沟,两面被玉屏山、寨子坡夹着,清澈的关溅河绕沟淌过。山上虽然长满了青竹、翠柏,但是每年不到夏季,满山的青色、绿色,就被饿昏了头的乡亲们捋光了、剥光了、挖光了。剩下的,只有一些稀稀落落的枯枝、干草,在微风中瑟瑟抖动……

为了摆脱苦难,为了多弄一口饭填饱娃儿们的肚皮,乡亲们没命地奔波。一面拼命帮工干活,一面拼命地烧香化水、求神拜佛。菩萨,成了人们唯一的精神寄托。

在坳口的大黄桷树下，邱家沟的乡亲修起了庙宇。到庙里烧香的人，一天到晚络绎不绝。人们把家中最后一把白米、最后一块红苕都送进庙里去了。许多人还在自家屋里建起财神、菩萨、灶王的牌位，供上香火……高高的玉屏山上，烟雾缭绕。呜咽声、叹息声随着缕缕香烟，冉冉上升。凄凉、悲惨、痛苦……整个邱家沟就像一座挖好的大坟墓。

然而，在这坟墓似的玉屏山下，唯在篾匠邱炳荣的小草屋里，不供菩萨。

这是一个勤劳过人又自信过人的农家。日子过得虽然清苦，屋子里却啥时都收拾得干净、整洁。小屋的当家人邱炳荣，生着一副粗壮的骨架，有一双自信的眼睛。田里的活儿，他样样精通，还编得一手好篾活儿。他家院坝外边的竹林，不光为好看，窝窝青竹都有好用场。赶场时，他的篾货担子一上场，不需吆喝，立时就会围来一大堆人。当别人还在场上扯起喉咙叫卖时，他已经放回空担，钻进自家的田土里，干起农活儿来。

自从龙二嫂被娶进这个小屋，夫妻俩就发誓：要用四只手，打造出一个不愁吃穿的小家庭。一天又一天，他们把别人用来供菩萨的时间，全都用在祖辈留下来的三挑瘦田土里了。每天天不亮，那三挑瘦土里就有人影儿晃动。当别人家的院坝门拉开时，他们已在自家田里栽起二三沟红苕秧子了。

几年过去，青竹长高了。可是，小草屋依旧还是原样：家具没添一件，农具没添一把，吃饭的嘴巴却不断增加……

1926年冬季，当小屋里添了第二个儿子时，邱炳荣舀来一碗红苕汤，端到妻子面前。

龙二嫂没接碗，只是呆呆地望着这个新生命。刚出生的娃儿，闪着黑眼睛，用力打量这个陌生世界。由于营养不良，他瘦小的身体皮包骨头，但是这个小东西却不哭、不叫，倔强地踢着腿。

“这娃儿，像你，”龙二嫂对男人说，“一副犟脾气。”她脸上没有一丝表情。

邱炳荣扔下手中的篾活儿，凑上前端详。“像我？这就好喽！添丁，是添劲儿！添志气！吃饭凭力气，汗珠子就是米。”

他给第二个儿子起个大名：邱少云。小名：幺二。他愿这个娃儿像天上的云彩一样，自由、美好、充满力量。

少云渐渐长大了。他真的像爹希望的那样，长着粗黑的眉毛、宽厚的嘴唇，两只眼睛也闪着像爹一样自信的光亮。他不多言语，安静得像悄悄浮动的云朵，整日闷头干活。

可是长到七八岁时，他还不知道吃饱肚子的滋味。看见别人的娃儿抓着白米粑粑，大口大口地往嘴巴里塞，自己的喉咙烧得难受。他不晓得，要用多少汗珠子才能换回一把米。他的两个幺弟长到两三岁大，还软得走不动路，站在院坝里像旱天里的枯苗儿……

少云8岁那年冬季，天气出奇的冷。北风打着呼哨飕飕地刮，吹得地皮发干、发硬。几十天未降雨雪，邱家沟照例办起“求雨会”。坳口的庙前，吹响了喇叭，锣鼓家什敲得一阵比一阵紧。

“求雨会”的召集人是周保长。他是沟里大乡绅周世泽的胞兄弟，拉丁、派捐，他是一把好手。这天一大早，他就夹着一个布口袋，满沟满坡地窜，挨家挨户为菩萨收吃食，口中不停地喊：“求神雨，化供果，有钱出钱，有米出米。没有白米，杂粮也可以……”

脸上挂满汗珠子的少云，站在自家水田里帮助爹耙地。他与爹默默望着周保长的身影儿，谁也没说话。邱炳荣发现，儿子好像长大了几岁，话更少了，两片嘴唇抿得更紧，脸上的笑窝不再出现。早晨，大人一起身，他也一骨碌翻起身，跟在爹妈身后下田干活。大人做哪样活儿，他也做哪样活儿。大人不休息，他也不歇息……这一冬，被人们用汗水送走了。暖洋洋的春天刚刚露头，邱家沟的乡亲们就感觉肚皮饥饿难耐。

晌午，干活的人回到屋里，两个幺弟就奔过来扯住妈的布衫，一个跟一个死命嚷：

“要吃！要吃！”

“要粑粑……”

“要红苕……”

妈的心一酸，眼泪差点滴出来。今年刚打

春，旱象就提早伸出头。春分还没过，乡亲们就慌了。胆子小的人，开始往乡绅、大户家里送礼，或登记抬滑竿、拉彩船，防备揭不开锅时借不出米。

龙二嫂鼓足气，向男人说："春天怕是过不去喽。要不，也去借……"

话没说全，就被邱炳荣掐住："借？多少人叫'跟头利'压得直不起腰杆。你硬要勾着脑壳，往死路上走？"

"志气……撑不住六张口……"

"再看小春嘛！"邱炳荣猛地从地上站起，饭也不吃了，转身往田里走。少云也不等午饭了，提起板锄随爹下田了。

后晌，爹看少云身体实在支撑不住，就撵他回屋吃饭。少云拗不过，扛着锄头离开水田。回屋的路上，他听别的娃儿说："桐麻树皮推成面，能捏粑粑吃。"他回屋后没歇腿，喝下两碗汤饭，就拉过背篼，爬上玉屏山。

桐麻树皮啥味道？乡亲们大多不晓得，只听说"吃得"，便大批上山。饿空肚皮的人们，已经饥不择食。

北坡上，早已没多少绿色。漫山遍野的桐麻树皮，在几天内就被剥得净光——乡亲们抢先一步下了手。少云满山奔跑、寻找……能爬的坡，他都爬上去看了，却未剥下多少树皮。歪头看看天，太阳刚歪到沟西头。他紧紧裤带，又向山顶爬去。

翻过山脊梁，南坡的一片青绿把少云弄愣了：同是一座山，北坡一片黄，南坡一片绿！南坡上，桐麻树长得个个有茶碗粗，叶片像爹的大手掌。

“这么多桐麻树，为啥没人剥皮？”他既奇怪又兴奋，提起砍刀朝一棵小桐树走过去。

桐麻树皮青溜溜地泛光，树皮是刚长出的。他守着树，开始剥树皮，剥了上边剥下边……似乎手里剥的，不是树皮而是蒸好的面粑粑。

突然，一阵土疙瘩向他劈头盖脸砸过来。

“打！打这贼娃龟儿子！”

“黄泥巴腿杆（有钱人对穷苦农民的诬蔑）只晓得偷！偷！”

又是一阵土蛋向他砸来。原来，周保长的少爷带一群娃儿在南坡捉鸟玩，见有人剥树皮，几个娃儿从四面扑过来，他们趁少云不防备，一下子把他按倒在地。

“喊哪个是贼娃子？！”少云愤怒地从几位少爷的肚皮下翻起来。

“你！”

娃儿们嬉笑着，把他背上的背篼甩得老远，当成皮球踢。背篼里的树皮，抛了一地。那些树皮是救命的粑粑呀！少云两眼喷火，纵身向背篼扑去。

“捶这龟儿子。他爹不送礼，家中不供菩萨！”

“我不是贼！我没偷！树是自家长在南坡

上，我剥树皮，明年还会长出来。”

“种田凭契！你问问他，田土姓不姓周？你爹在屋头不是也挂地契状子？”

少云不说话了。他从没听说过，玉屏山姓周。

“捶！捶他！”

一阵拳打脚踢。少云的脸皮青肿，鼻子淌血。但他不哭，也不求饶。

“讲，你是贼娃子！讲了就把背篼还给你。”

少云没吭声。

“讲！这树都姓周。讲一声，树皮你就背回去。”

少云瞪圆了眼睛。

“捶！”又是一阵拳脚……

傍晚，少云带着一脸伤痕，回到家里。

爹妈一见儿子这副模样，丢下饭碗扑过来问："哪个欺负你了？"

少云一句话也不说。他不吃饭，也不哭，一个人坐在门坎上，死盯着太阳看。

“不吃饭就睡吧。”爹催他。

他一动也不动。

邱家沟安静下来了。月亮挂在树梢上。少云这才站起身，他提着砍刀，再次沿着刚才下山的小路，重新爬上玉屏山……他摸到南坡那棵“姓周”的桐麻树下，这时，夜风轻轻摇动着树影儿，青皮绿叶的桐树全身抖动，仿佛张牙舞爪地吼："我姓周，哪个敢碰我……”

少云盯着它，攥紧砍刀，朝那个黑影儿劈去……

“看你还姓周不姓周……”他砍一刀，骂一句。砍一刀，出一口气。一砍刀紧接一砍刀……

第二天一大早，沟里人纷纷嚷开了：周家南坡上茶碗粗的桐麻树，被人放倒了。周保长带人正四下查问。

少云没理会。他扛起锄头，像往常一样下田了。

周保长怎么也想不到，一棵茶碗粗的树子怎么会被一个七八岁的娃儿砍倒。他只在大人堆里查一圈，没查到，只好暂时作罢。

一场灾祸，侥幸避了过去。

一 祸从天降

旱情，继续蔓延着……

到了第二年，也就是1937年，邱家沟发生了历史上从未见过的大旱灾。整整一冬一春，虔诚的小山沟没有得到老天爷降下的一滴雨、一片雪花。

堰塘干了，河沟干了，井也干了。沟里一汪一汪的水田，被毒日头晒成了一块块硬板地。秋天点种的小麦、胡豆，到了春天，一个穗儿、一个荚儿也没结。庄稼蔫巴得叫人可怜。

人总要吃饭啊！吃啥子？起先，人们还抢着捋胡豆叶儿，剥桐树皮，挖茨根儿和芭蕉老壳。到了后来，一切都被捋光了、剥光了、挖光了，乡亲们也个个饿得支不起脑壳。一天，周保长打着铜锣又在沟里到处喊："观音菩萨开仓喽、生米喽。沈家沟的坡坡下，埋了一片白、一片红。白的是细米，红的是高粱……"

饿昏了的乡亲们，又不顾一切，一窝蜂地拥向沈家沟。大背篼、小背篼地往回背白土、红土。

少云凑过去一看，傻眼了：那是啥子仙米！明明是一堆白泥巴、红泥巴，硬邦邦的泥巴咋能当米吃？可是不吃这个，又吃啥子？没办法，少云和弟弟也加入挖泥巴的队伍中。

观音土背回来了。白生生，硬邦邦。少云妈把泥巴放在水里，淘洗干净，捞出来推成面，又捏成粑粑放在笼里蒸。鸡叫头遍上了锅，直蒸到天大亮，"粑粑"才算蒸熟。掀开锅盖一闻，还真有股子粑粑味儿。少云妈把"粑粑"一人一个分给娃儿们吃。

少云抓住泥巴粑粑，就往嘴里塞。一个"粑粑"吞下肚，饿止住了，可是不一会儿肚皮又胀得受不住，一屋子人又都蹲到茅坑边，拼命地拉。挣裂了肛门，就是拉不出，只好用铁勾子钩，钩得肠子直淌血，还是拉不出……眼看一屋子人快被活活胀死了。

爹看见娃儿们被折磨成这样子，直搓手掌，嘴巴里也开始叹气了。他咬咬牙离开家，到一家纸船老板那儿去当纤夫。心想，豁出性命来拼一拼，或许能闯出一条活路。说啥子，也不能看着一屋子人死绝呀。

纸船老板是个商人，多年来靠在涪江、关溅河上跑买卖挣钱。一见面，邱炳荣就和船老板讲好：运纸船从安居镇上水到遂宁，工钱一月4块钢洋。年关一到，一次付清。船老板见他一身的劲儿，没多说，当下满口答应了。

送爹上路的那一天，天阴得可怕。大团的黑云压在玉屏山的山尖上。一家人跟在爹的身后，不出声地挪步，没一句送别的话。一家人都晓得：冬季拉纤是啥活儿？涪江上游水急滩多，40吨的大纸船逆江而上，全靠纤夫的两个肩膀。船搁浅时，纤夫还得跳到冰水里背船、拖船……数不尽的苦头，等待这位自信的人。

妈把一件刚补好的布褂披在爹的身上。少云和弟弟也扑进爹的怀里，不叫他走。爹的脚步停下，心头涌起一股酸楚。种庄稼的人谁舍得离开田土？可是石头已压上头顶，泥巴已埋上脖子。眼前，只有帮工这一条路了。他横了横心，对亲人说："哭啥子？不是去送死。年关一到，我就回来。今年过年，咱一家人要美美地焖一顿甑子干饭吃。"说着，他又笑了。还是那样快活、自信。

少云也被感染了。他相信爹的话，于是松开手，放爹上路了。

爹走后，少云和弟弟每天都捏着手指头算日子。巴望年关早点到来。

秋天总算过去了。树叶儿黄了、落了……树叶儿落净后，雪花儿也跟脚飘进邱家沟——年关，终于被少云和弟弟盼来了。

这几天，大户人家的门前悬起红灯笼。沟里人也噼里啪啦燃起爆竹，争着把灶王爷迎回府。有钱的人家开始推白米，捏汤圆……可是少云的爹没回家。

不知为啥子，少云一家人又害怕时间过得太快。坐在一起时，谁也不敢再问“今天是几月几”，仿佛多一个时辰就多一分不祥。

一天，少云正坐在火塘边破篾条，忽听屋外响起急促的脚板声。机敏的少云扔掉篾条，就迎出门。他看见，一个娃儿跑进院坝，报信说：“邱炳荣站在船头解手，不当心，掉……掉进涪江里，淹死了……”

送信人嘴里的后三个字，叫一家人听得变了脸。少云妈颤巍巍走过去，把送信的娃儿搂进怀中问：“好娃儿，说清喽！哪个掉进江里淹死了？”

“邱炳荣。”那娃儿认真地说，他被这家人的脸色吓坏了。

“哪个邱炳荣？不是邱家沟的……”

“是邱家沟的。”

像挨了晴天霹雳，少云妈一头栽倒在院坝里。

幺兄弟趴在妈的身上，没命地哭叫。少云一步冲到送信人跟前，大声吼：“我爹会浮水！我爹不会被江水淹死……”

送信的娃儿，吓得抽身逃跑了。少云仍站

在原地，不住地喊，不住地叫："……我爹会浮水……"

一位与邱炳荣一同拉纤的大叔，不顾船老板的再三恐吓，把真情告诉了可怜的孤儿寡母——

原来，装满40吨的大纸船在纤夫的肩膀上拉到遂宁，老板赚了钱，就对诺言不认账，不但不给纤夫发工钱，反而把赚到的钱又投入另一桩买卖中去了。纤夫们都等着拿钱买米回家救老婆、娃儿的命，谁也吞不下这口气，个个嚷着要和船老板讲理。邱炳荣带头闯入船老板的船舱，吼着要老板发工钱。船老板害怕他一身力气，当下满口答应，可一背身就起了坏心。半夜，他趁邱炳荣独自坐船头想心事，让几名大汉从背后反绑了他的手，身上坠一块大石头，投入涪江……

真相大白了。少云反倒没有一滴泪。他恨！恨得心、肝、肺要爆炸！可是，恨又有啥子用？纤夫们说，纸船老板赚够了钱，吃喝一通，又转到另一条河上赚钱去了。衙门里没一个人愿出来管，有理又到啥子地方去摆？在乡亲们的再三劝说下，邱少云才勉强打消了复仇的念头。

一个寒冷的早晨，少云拖着沉重的步子，跟随乡亲们去打捞爹的尸体。云，又黑又沉，压得人抬不起头。脚下的小路，也好像特别长，叫人迈不开步子……这是爹常走的路哇！一年又一年，他自信地从这条路上来来往往，盘算着怎样用汗珠子换回米。

15天后，少云和乡亲们终于在安居镇附近的磨盘滩上发现一具尸体。被江水浸泡半个多月的尸体早已辨不清模样，可是尸首上的布褂，却让少云一眼认出是妈亲手为爹缝的。

“爹——”少云从人群中冲出，嘶喊着扑向尸体。

他不相信，自信的爹会这样死去。他要喊醒爹,跟自己一起回到不供菩萨的小屋。可是爹,却再也没有睁眼。

爹死后，妈也得了要命的病。原本高高大大的龙二嫂，一下子脸皮蜡黄，眼窝下陷，再也无力下床。

少云和哥哥请来大夫，为妈诊病。大夫苦着脸，对小哥俩说 :“你妈得的是‘头疯痛’，怄气怄出的。气不消，病不好。”

为给妈治病，11 岁的少云啥法子都想了。有人告诉他，夏枯草、车前子能治头疯痛。他就背起竹背篼，爬上玉屏山的崖头，采夏枯草；有人告诉他，黄鳝能滋补身体。他就卷起裤腿，跳进结冰的冬田里，捉黄鳝……可是，妈的病一点儿不见好。一个初春的早上，当少云和弟弟醒来时,躺在他们中间的妈,身体已变得冰凉。

“妈——醒一醒！快醒醒……”

凄惨的喊声，引来沟里的乡亲们。他们对少云弟兄说 :“光哭不行啊！得想法子把你妈埋了。”

想啥法子呢？爹妈流尽了汗珠子，却没给这间不供菩萨的小屋增添一盆白米、一条缠身的布、一块做寿材的料……在乡亲们的帮助下，妈被安葬了。高高的玉屏山上，又隆起一座新坟包——这坟包，与两年前垒起的少云爹的坟包遥遥相对，像玉屏山哭肿的两只眼睛。这双眼睛，痛苦地凝视着山下低矮的小草屋，凝视屋里四个没有爹妈的娃儿。

妈死后，哥哥冬云过继给亲戚当儿子。12 岁的少云就担起照料弟弟的重任。日子，全靠换一点、捡一点、讨一点来维持。小屋里，再没有点过灯。

幺叔见娃儿们实在活不下去了，咬咬牙对少云说：“守在屋里硬是活不成，不如出去帮工。不图哪样，只为吃口饭，把人先长大。”他见少云未吭气，又说，“两个小的，先跟我去。等人长大些，再想办法。”

还有啥法子可想呢？眼前，只剩下幺叔指的一条路。少云咬咬嘴皮，点头同意了。他把弟弟一边一个，揽在怀里。

“先跟幺叔过日子。二哥赚到米，就回来接你们。”

就这样，邱家沟唯一不供菩萨的小屋，锁门了。沟里最勤劳、最自信的人家，破产了。

帮工生涯

12 岁的少云是带着自信的目光，跨进第一个主人家门。

这家人姓李，住在关溅场上。那天，主雇二人一见面双方没看清模样，李财主就把一大堆做活农具和牲口搡给小伙计：水牛、背篼、砍刀、水桶……少云啥话没说，牵起牛，背起背篼，就出了院坝。他不怕吃苦，他记住爹说的话：吃饭凭力气，汗珠子就是米。

太阳落坡了。新伙计手牵吃圆了肚皮的大水牛，脊背上架一大捆青草，回来了。李财主上前用棍子捅了捅草捆，紧绷绷的。李家媳妇从灶台上端过两碗冷稀饭，搡给他。他没出声，端起碗，几口吞下。放下碗，转身又手脚不停地劈柴、扫院、推磨、喂猪……

第二天,少云的活儿又加重了。除了完成昨天的活儿之外,还得刷锅、抱娃儿、倒尿桶、洗衣服……

他从柴棚里钻出来,牵着牛往外走。不料,被李家媳妇堵住:“尿桶满得往外流,先把尿桶倒了,再走。”少云扭过脸,没动腿。

女人冷冷地说:“端的别个的碗,就服别个的管……”

“你的碗,我不端。给我结账!”

李财主上前拉他,他不动;拽他,他不走。当李财主的眼睛碰上小伙计的目光时,他停住手。他明白:从这个小伙计身上,耍啥子花样都徒劳。

“要走就走,哪个拦你!账,没的算。吃我一天白米,睡我一天铺盖。用了……”

他转身时,发现那位小伙计早已走出院坝。大水牛正“哞哞”地叫。

小伙计头也未回。

几天后,一个小牛倌手牵一条大水牛,走在曲折的山间小道上。

他一面放牛,一面抽空割青草。太阳落山时,他脊背上又背一大捆青草。这牛倌就是邱少云。他现在是刘家坪大户丁家的牛倌。

丁家是大乡绅,占着几百亩好田土。家阔业大,却抠得紧巴。白天,他让牛倌牵水牛爬坡找青草;到晚间,他让小牛倌住牛棚,贴着水牛肚皮睡……夜间,还要添夜草。若是哪一天水牛肚皮吃不圆，主人就像抓贼似的抽打小牛倌。实在咽不下这口气，少云又愤然离开丁家。

从丁家出来后，少云又一连换了几个东家。他给木匠、瓦匠当过小工；给商人挑过盐巴、纸疙瘩；他在公路上砸过石子……啥子难咽的苦，他都咽了；啥子难走的路，他都走了。

一天，住在安居镇少云的一个叔娘见他实在可怜，就让他在自己屋里蹲了几天，同时借钱托人办一份礼，把少云送到安居镇傅家面馆当学徒。

拜师那天，叔娘一大早就对少云不住地唠叨："莫耍性子，幺二！弟兄几个数你大，邱家的门靠你撑……"

少云听着，不出声。他想起两个弟弟，便满口答应了叔娘。

叔娘领他进了傅家面馆大门。老板娘30岁出头，有些秃顶。她接过叔娘送上的年货，对她说："我这里，师傅吃哪样儿，徒弟吃哪样儿。手脚勤快些，年关还有零花钱。"

没等叔娘听清楚，老板娘已叫一名小徒弟把少云领到厨房，做活去了。

这个面馆不大，生意却十分兴隆。人挤人，

闹哄哄。吃饭的人走了一批又一批，空出的地方很快又被拥进的人补起来，饭桌总是不得闲。叫饭的、叫菜的、叫汤的、叫水的，喊声不断。大摞大摞的碗筷，也源源不断地堆到滚水锅前……少云忙得满脸淌汗，小夹袄后面湿透了一片，他干脆脱了夹袄干。

掌灯了，馆子里的人走光了。少云把桌面、地面扫干净，刚想喘口气，谁知打纸牌的、打麻将的又蜂拥进来，铺子里又满了。吵的，嚷的，哭的，闹的……一点儿不比白天清净。少云又得手脚不停地伺候：煮茶，倒水，递热毛巾……下半夜，打牌的人散尽了，老板娘吃罢夜宵也回屋睡了，才轮到学徒把饭桌拼一拼当床铺，躺一会儿。

第二早，傅家面馆的新伙计邱少云就出现在安居镇上。挑水，从河边到当街要上 100 多个石台阶。别的学徒二人抬一桶水还喘气，他一人挑两只桶一气就登上来，还一路小跑步。生火，洗碗，扫地，抹桌……这些活儿，他一人全包了。过年时，铺子里杀羊、打面、冲海椒……也样样靠他做。

街面上的人，望着邱少云的背影儿，议论："别看那娃儿干得猛，干一阵儿就会偷懒。哪个学徒不是这样儿？"

邱少云听了，不争辩。一天、两天……一月、两月……一年、两年……少云依然起得那么早，做活依然像水牛一样出力气。镇子上的人不再议论了，个个羡慕傅家面馆雇了一个好学徒。面馆老板娘也在暗中偷着乐，向少云许诺："好好做！过年时，师母给你缝一身新衣裳。"

“莫缝新衣。我屋头还有两个幺兄弟，叫我多挣些钱，回家养弟弟。”他把离家时穿的短了一截的小夹袄，披在肩膀上。手里的活儿，做得更起劲儿了。

终于，他的身体吃不消了。过分的劳累、睡眠不足，使他细长的身子肿起来，常感到头晕，一担水挑上石台阶中途要站几次喘气。冲海椒时，他也咳嗽得不得不中途停住手。

老板娘再也不用好眼光看他。“偷懒”、“装病”、“学坏了”地数落，直嚷得他不敢歇一歇。

少云不吭气，仍挣扎着做活儿。可是身子却软得像棉花，脸也青了，全身肿起来。做一点活，就冷汗淋淋。他患了严重的“水积病”。

这天，老板娘喊他放下水桶：“你这个学徒算是学不成喽！师母有心教你，可是你自家硬是不争气……我屋头地方不宽展，没处借你养病。你还是回家去吧。”

他木然地站了一会儿，提起来时穿的已短得护不住腰的小夹袄，离开了傅家面馆。身后，吃面的、喝酒的、猜拳的……依然如故。吼声、吵声、闹声，震破屋顶。他默然地挪动身子，一步一步离开安居镇……

又踏上关溅河的石板路。少云肚里有一股

苦水往上涌。脚下，关溅河水打着旋儿，映出少云病弱难支的身子。7年了，他在风雨中奔波，在人生路上闯荡，汗流尽了，米在哪里？！

在邱家沟，少云找到他的幺兄弟。小草屋已被别人占去，两个弟弟因生活所迫也开始了帮工生涯。兄弟三人见了面，抱在一起大哭一场。

少云说："帮工帮得伤透了心，离开了又没有落脚处。别人喊'滚'，滚到哪里去？……该有自己的窝了，说啥子弟兄几个不能再分离。"

快来吧！解放军

时光，像旱天的干沟河水，艰难地流淌。转眼1949年的春天来了。

邱少云已是一个22岁打短工的青年

人。细瘦的身子，被沉重的劳动压得向前弯曲，瘦脖子支着又黑又瘦的方脸膛。浓眉下，一双眼睛早已失去昔日的自信光亮。他看啥都是冷漠的、怀疑的。两片嘴皮终日紧闭，对谁都不多说一句话。

幺叔给他提过亲，他木然地听着，不赞成，也不反对，脸上没有一丝表情。现在，他只是为了幺兄弟才勉强活着。孤独地做活儿，随意给人帮工、打杂，挣多挣少都不与人争辩……只是到了这个春天，他从无味的生活中发现了一些变化。

春天，偏僻的邱家沟不平静了。乡亲们嘁嘁喳喳地议论着什么；就连一些乡绅、大户也碰头咬耳朵，面色恐慌。这气氛，让闷头做活的邱少云也动了心：莫非要来一场风雨？

一天，一位在县城打零工的乡亲回家来，对大家说："世道硬是要变哩！县城已驻满了国军。米涨价了，钱也不值钱了。听人讲：东北、华北都叫人民解放军解放了。"

解放军？插在人堆里的少云，不晓得这又是哪家的"军"？这些年，四川的军阀闹够了，啥子刘家军、田家军、杨家军……又派捐，又派款，又拉夫，又抓丁，把百姓闹苦了。

"先说说，乡绅、大户怕不怕它？"少云挤在人堆里问。

"官府人怕不怕？"又有人问一句。

"怕！"那位乡亲回答，"县城里翻了船。衙门里没人办公，个个把值钱的东西往乡坝里转……米店、布店、糖食铺子，都停业了。"

蓦地，乡亲们发现少云眼睛里，又闪出逝去很久的光亮。

“不过……抓丁也抓得紧。听说，前线硬是顶不住喽。在县城的街道上，常看见一队队被反绑手臂的壮丁队伍，让一根绳子牵着走……”

秋后的一个傍晚，沟里刮起飕飕的凉风。没多久，细雨也随之飘落下来。短工住的草棚里，滴滴答答漏起雨来。这些，少云全没注意，他坐在屋角铺草上，正补衣裳。心中，却盘算着解放军若来到邱家沟，自己一家人会不会过上好生活。

忽然，门外有人喊邱少云的名字。他放下手中的针线，站起身。谁料，两脚没站稳，门就被踢开了。周保长带着两名乡丁闯进来，啥话没讲，动手就拧少云的胳膊。

“为啥子捆人？”少云挣扎着问。

“恭喜你，福来喽。现在送你去城里吃官饭。”少云晓得，这是抓丁。他拼力挣脱，站在墙角，“昨天，中签的名单里没有我……”

周保长狞笑着：“这年月，二丁抽一是规矩。你们邱家三个丁，咋说也该走一个！走不走？不走就捆！”

几名乡丁向他逼去。少云退至墙角，见势头不好，夺门要跑。可是，门已被保长堵住；他翻身又要跳窗，窗也被乡丁封住。几个乡丁一同扑来，6只手拧住少云的胳膊。草屋里，顿时扭打成一团。少云一人对付不了8只胳膊。猛然间，他的脑壳被板凳砸中。几只胳膊死死将他按在地上。一条绳索，捆住他的双手。

少云挣扎着，拼命叫骂，眼里喷火。可是，他的嘴巴被一个布团塞住。他不甘心，仍拼命挣扎、反抗……他被拖出

△ 邱少云被抓壮丁（插图：韩新维）

破草棚，拖出邱家沟。

夜，漆一样黑，怕人的静。眼看就要逢春的枯树，又将冻死在寒潮中？少云在心中呼唤：

快来吧！解放军！快来救救可怜的人。

1949 年深秋，华夏大地正发生翻天覆地的变化。统治中国数十年的蒋家王朝，即将土崩瓦解。而盘踞四川的国军残余势力仍在据险顽抗，做最后挣扎。

被保长用一根绳索捆走的邱少云，被关押在关溅乡村公所的一幢楼上一间不到10 平方米的黑屋子里。屋内，已经关押了10 多名被抓来的青年人。

邱少云整日坐在角落里，透过小窗望天空。他听一名壮丁说："穷人的队伍——解放军，正向四川挺进！"于是，他天天向小窗外张望，盼望解放军快点儿打进四川。

有一天，他的哥哥邱冬云来看他。他对哥哥说："龟儿子把我抓来，等枪发到手，老子就要去报仇，杀了那个姓周的。"邱冬云听了这话，泪眼模糊。

第二天，四弟邱少华也来看他。少华站在门外，问二哥想要什么，四弟明白，大战在即，此一分手，二人再难见面。

邱少云对四弟说："想吃红烧肉。"

邱少华就含泪跑到一家饭馆，为他买来这菜，还带了一瓶酒给他。这是少华最后一次见到二哥。这一天，天空正下着大雨。

后来，邱少云在国民党军队中先后干过马夫、伙夫。沉默、脾气倔强的他在等级森严的国军中自然受尽折磨。据说，他曾三次被关禁闭、四次遭受鞭打。不久，中国人民解放军进入四川平原，形成对国民党残军的包围之势。

温暖的家

㊀ 新兵邱少云

☆☆☆☆☆

解放的炮声，在国民党反动派盘踞大陆的最后一块阵地——大西南打响了。

1949 年 12 月，中国人民解放军挺进大西南的各路大军，以神奇的速度在宽约 500 公里的地段上多路进击，向着敌人固守的成都平原推进。

12 月中旬，著名的成都战役打响了。美丽富饶的川西平原上，硝烟滚滚。奉命固守四川的胡宗南部一时惊恐万状，兵败山倒。几十万兵马溃散在川西坝子上，成了汤浇的蚂蚁。西南地方实力派军队纷纷起义。蒋家王朝在西南的统治顷刻瓦解。

成都战役一结束，解放军便分赴各县开展基层政权建设工作。这天，一支部队刚开到简州的一个水陆码头搬运粮食，上级就下达通知：各连派人到团部领新兵。

这个节骨眼上增人添马，有如猛虎添翼，谁不高兴！当下，各连都派人去团部了。九连连长——朱斌派去的是一名干练、利索的爆破班班长。

班长一走，战士们哪耐得住！探头探脑地朝团部指挥所张望。

不一会儿，班长回来了。他挺着圆鼓鼓的胸脯走在前头，神气十足。在他身后，跟着二十来个青年人。青年中，有的穿军装却打双赤脚板，有的扎皮带却穿自家长衫，有的刚从国军中解放过来，身上没来得及脱掉讨厌的“狗屎黄”。战势发展得太快，供给部门的物资一时供不上，补充一、二月的新兵还没换上军装。

只见，走在最后边的一名瘦青年穿一身“狗屎黄”，细脖子，焦黄脸，青灰的脚板裂满血口子，移动起来就像一只干虾米。

新兵进院后，战士们“呼啦”一下围过来。一个黑脸壮汉伸出手，轻轻按住一个新兵的肩膀：“小鬼，多大了？”

小鬼打了个愣。站在一旁的班长碰碰他：“这是咱九连长，叫朱斌。”

“连长？”新兵的脚定住，抬头看：这人，半个脸埋在胡楂里，粗眉毛，大眼睛，方腮帮，大嘴巴，一口整齐结实的牙齿。莫说吼一声，就是不张口也叫人觉着怕。再往下看，粗胳膊，大手掌，大脚板，站着像生了根。这手脚，若捶起人来……

“在家做过啥？”连长朝细脖子、焦黄脸的瘦战士走过来。

瘦战士挺直身，用一双紧张的眼睛望着他：“我叫邱少云，在家种田、帮工。”

他等待连长的反应。连长却把大手盖在他的肩上：“苦出身。三班长，邱少云就分到你们班。”

“三班可是爆破班哪！”三班长忙不迭地说，“战斗中，三班要给全连打开通道……我看，还是把邱少云同志分到炊事班吧！”

“大锅也有几十斤哪！”性格绵软的炊事班长老孔，一听这话急了，一蹦多高，“要是平日，收他干点啥都行。可是眼下，成都战役刚结束，溃不成军的敌人正向西康方向逃窜，部队随时准备追击……”

短暂而难堪的沉默中，忽然爆发出一个愤怒的声音：“不要老子，老子走！没得路走，不如早一天刨开爹妈的坟坑，和他们睡一头。”

“牛劲儿还不小！”连长笑了。他喜欢这种犟劲儿，决定让这名新兵留在三班。

当天，新兵们就去码头参加搬运粮食的工作。那天，天气阴冷，河岸上堆放着许多箩筐、麻包，散发着浓烈的粮食味儿、尘土味儿，呛得人喘不过气来。部队的任务，是把从川西平原征集到的粮食搬上停在河边的大木船，然后由木船运往重庆等大城市和工业区。干哪！官兵们喘着粗气，身扛麻包在码头上来回奔跑。上船的踏板，被他们踏得一颠一颠的。

一名爱热闹的大个子老兵，一眼盯住身穿“狗屎黄”的邱少云，就打趣地走过去，说:“喂，这位同志，你是‘自愿’（战士们对自愿报名入伍的，叫‘自愿兵’；对从国军中解放入伍的，称‘解放兵’）参加的？看你瘦得直不起腰板，别叫麻包压扁了！”说完，向他身上瞟了一眼。

这一眼，刺痛了邱少云。他没反击，憋足一口气，扛起一只麻包就朝跳板上走去。

三班长提醒他：“大个子，我警告你，不许欺负新同志。”

大个子兵不在乎地一笑，去扛麻包了。他发现邱少云行走时，眉毛一拧一拧的，于是又来劲了:“喂。我说这位同志,不行你就一边歇着,细胳膊瘦腰的，别闪着……”

少云没吭气，他把麻包在肩上调整好位置，然后一步一步向木船上走去……卸下麻包，他又跑过来扛第二个麻包。

“牛劲儿不小哇！”大个子兵想了想，走过去，眼睛里闪着顽皮，“有本事，你把这个大家伙扛起来看看！”

他脚边，躺着一个特大号的麻包，像是谁

家自制的，足有300斤！大个子认为只有自己对付得了，所以特意挪到自己脚边。大个子兵站在那里，等着听邱少云的告饶。

等了半天，他没听见声音。扭头一看，发现邱少云已把那个大麻包竖起来。蹲下腿，把脊背紧贴麻袋猛一使劲儿，麻包滚上他的脊背，人也就势站了起来。

"行啊！"起初，大个子兵没事似的说着风凉话。可是当他发现这个新兵真的扛起特大麻包，走向跳板时，不再笑了。撵过去，口气变软了："放下吧！这位同志，开开玩笑。"

邱少云低着头，哈着粗气继续朝前走，一步、两步，他踏上狭窄的跳板……大伙见状，都站住了，神情紧张地向跳板上望去。只见，邱少云因用力过大，脸孔扭曲，汗湿的脖子上青筋暴出，每挪一步，身子都像被抽打似的颤抖一下。

"放下麻包！少云同志。"三班长在后面大声命令。

少云摇晃着身子，站了一下。但片刻，他身子一挺，再次迈步向前走去，脚下的跳板"咯吱咯吱"地响，像忍受痛楚的病人。大个子兵再也看不下去，他拨开人群，一步跨上跳板，用双手帮助邱少云托起麻包。

"走开！"邱少云拼力吐出两个字。大个子兵愣了。邱少云一扭身，把肩上的麻包撂在木船上。

所有的人，这才大大吐出一口气。

走下木船的邱少云，口中仍喘粗气。他身上的黄棉衣被汗水打得透湿，从里向外散发着一股腥臭气味儿。没人敢和他说话，众人给他让出一条路。他没再去货栈搬运而是独自返回营房。三班长冲大个子兵瞪一眼："你等着，晚上班务会上跟你算账！"

晌午休息时，官兵们返回营区吃午饭。大个子兵推开新兵的宿舍门，他手中端着一碗面条，怯怯地走到邱少云的床边，对他说："吃吧！头锅下的面条，给你挑了第一碗。"

邱少云没动碗筷。大个子兵没招了，回头瞅一瞅三班长。班长对邱少云说："今天的事，我有责任。从当前形势看，胜利来得快，一些老同志头脑冒出自满情绪，看不起新同志……"

三班长的话一跟"当前形势"联系上，问题就显得严重了。邱少云见大家摆开架势劝他吃饭，只好拿起筷子。他刚放下碗，大个子兵又端来一碗，亲亲热热地说："再吃一碗！吃饱了洗澡去，团部今天专给新兵烧了洗澡水。刚才扛麻包时，我闻见你身上有一股味儿。"

大个子兵一边说，一边拿出自己的一套干净衣裤、新毛巾、肥皂递给邱少云。

邱少云未接。他用手紧紧裹住黄棉衣。

"不洗澡？"大个子兵急了，"不洗澡是不讲卫生！"

大伙也围上来劝，左说右说邱少云就是不

动。劝急了，他干脆裹住棉衣坐起来，身子不停地缩进墙角。像似怕人剥他的衣服。大个子兵磨不过，一跺脚喊来了朱连长。

连长一见邱少云的样子，就问："少云同志，为啥不洗澡呢？"

邱少云没回答，害怕似的躲闪一下。连长挨着他坐下，想扶他站起来。不料，双手刚触到邱少云的脊背，就发现他的身子猛一颤，像溅上了火星子，眉毛倏地拧成疙瘩。连长意识到，这个战士正强忍着疼痛。

连长把屋里的一盆木炭火，移到邱少云身旁。然后退两步，命令道：

"听命令！邱少云，把棉衣解开！"

命令是严肃的，容不得分辩！邱少云站起身，开始解棉衣。

纽扣一颗一颗解开，一股一股难闻的腥臭味儿窜出来，熏得人直发呕……棉衣一脱下，所有的人都愣住：那是一件衬衣吗？已被血染得变了色。鲜红的是刚淌出的血，紫黑的是不知多久前淌的血，一团团、一片片结成了痂，无法从皮肉上剥下来。

战士们的身上都打个冷战，不做声了。这时，他们才意识到：一身讨厌的"狗屎黄"下边，埋藏着怎样难言的酸楚。

大个子兵懊悔地砸自己的脑袋："我干了啥？让他带伤扛300斤的大麻包……"

连长走上前，一把抱住邱少云："这样的伤，咋不早说呢？"

声音沙哑了。

他把木炭火又朝邱少云身旁挪了挪，叫通信员去喊医生。他亲自提来一桶水，用毛巾醮热水，先把邱少云的结痂衬衣用水浸湿，然后用手一点一点从皮肉上揭下来……动作那么轻，那么慢。溃烂的伤口一见水，腥臭味儿冲鼻而来。可是朱连长并不躲闪，依然细细地擦洗伤口。

邱少云连忙说："连长，莫管喽，一月、两月自己能好。"

连长抱住他："相信我，再难治的病，部队也能给你治好。"

邱少云的眼睛发湿，泪水顺着鼻梁淌下来。

"痛了？"连长问。少云抽着鼻子摇摇头，哽咽地说不出话来。

"不痛？我不信！脓疮烂成这样，也不说，你这个人，太要强。往后，部队就是你的家，有啥困难，要对家里人说……"

晚上，邱少云躺在床上睡不着觉。白天的事一件件往眼前涌……忽然，门缝一亮，走进一个人。那人借着窗外的月光，仔细查看每一张床铺，又把战士们掀开的被角盖好。最后，他轻手轻脚来到邱少云的床前。少云一看是连长，心一热，坐起来，喉咙被哽住了。

“少云同志，刚才炊事班长听说你背上生了脓疮，特意献了一个偏方：用清油拌草籽能治这类疮。连队研究了，只要能治好病，从官兵每月2两油中扣出来为你治病……”

邱少云鼻子一酸，再也控制不住，大滴眼泪像断线的珠子掉下来。

十一面锦旗

邱少云病好后，立即跟随连队训练、劳动。

他明显觉出：这个连队，是个好胜、荣誉感极强的集体。上级有任务，连长非要给九连争回个“硬家伙”不行；啥工作，九连不走在别人头里，就像被刮了脸皮一样抬不起头。哪怕拼力挣脱一层皮，也要把荣誉夺回来；会前赛歌、拉号子，九连若被人压倒了，哼！看着吧，那一晚炊事班做的饭准要剩下一大半……少云喜欢这个集体，谁只要在这个集体里站一站，身上都火辣辣地长力气。

最叫人自豪的是，连队的十一面大锦旗。那是连队的宝贝疙瘩，开会时打出来呼啦啦一大片。“攻坚模范连”、“渡江队第一连”、“挺进西南行军模范连”……场子上有几千人，就有几千双眼睛盯着它们。平时，这些锦旗珍宝似的存放在文书处，行军打仗时捆成一个大包袱，足有二十多斤重！啥时也不离文书的肩膀——那是多少人用鲜血换来的！

“看见那面‘攻坚模范连’的锦旗吗？”没几天，大个子兵就把每一面锦旗的来历，向新兵蛋子讲一遍，“那是1947年豫北攻势时，咱连打安阳程太堡时得下的。程太堡堡堡相通，构成联防，易守难攻。攻城开始后，九连突击排用篮子提手榴弹登城，城堡打开一个大口子，匪首程道生率手枪队据险死守，朱连长孤身入虎穴，活捉了匪首程道生……那次战斗，全连荣立集体大功一次。朱连长被誉为‘铁头连长’、‘孤胆英雄’。”

“连里还有哪个是英雄？”邱少云问。

大个子兵来劲了，大手一挥：“咱们连，哪个都是英雄！参加地方工作的指导员是‘抗日英雄’，在成都战役中他亲手捉住敌九十军军长；咱班长是‘爆破英雄’，他手下，没有炸不掉的障碍；炊事班老孔班长……”

“怎么？他也是……”邱少云眼睛鼓得溜圆。

“是英雄！”大个子兵说，“老孔班长是山东武城人。1942年参加县大队打鬼子。部队打安阳时，伤亡大，有一个班的班长牺牲了，无人指挥。老孔班长送饭时一看这情景，马上冲上去，自告奋勇当班长，带领全班打冲锋，一举抢占敌阵地。连队那面‘模范党小组’的大旗，就是他得的……”

“硬是了不起！”邱少云浑身被英雄气概感染着。

这天，部队驻扎的简州正是逢场天。赶场的农民都来看解放军。营房门口，被大人、娃儿拥满了。由于解放军及时开展政治工作，城镇的店铺全开门了，电厂照常发电，老百姓感谢共产党，总想多看看解放军是啥模样。所以部队大门口的人越聚越多。那些满面流汗、赤裸上身的纤夫和一辈子直不起腰杆的农民，对解放军官兵指点着、议论着：

“看，那些胸脯前挂纪念章的都是老八路。挂一个纪念章的，是参加解放大西南的；挂两个纪念章的，是参加渡江打南京的；挂三个纪念章的，就是从黄河那一边打过来的乡绅、大户最怕的人。他们一见戴三个纪念章的人，龟儿子就抽筋。”

邱少云听见这些议论，眼睛不由得朝“老八路”身上看看。他看见连长、代理指导员、班长的胸前，都挂着闪闪发光的两枚纪念章。现在，他巴望自己的胸前也能挂上闪亮的纪念章。

恰在这天，几天前代表九连出席“西南军区英模大会”的代理指导员也回来了。他一进营门，就向大家报告大会的情况：会场是怎么布置的，哪些集体立了大功，哪个集体得了奖旗……战士们的心，被那些新鲜事儿紧紧咬住。当指导员说到刘伯承司令员、贺龙司令员亲自接见代表，握住他的手时，战士们沸腾了。有的蹦起来喊：“再立大功！”“再夺锦旗！”

说来也巧，正在这时，新战士的服装发下来了。邱少云急不可耐地扒下“狗屎黄”，换上人民解放军的军装。他手捏着闪闪发光的“八一”帽花，看了又看，擦了又擦。眼睛，被泪水模糊了——过去，曾经被乡绅、老板唾口水的人，今天成了令他们害怕的人！

猛然间，他感觉肩上压着很重的责任与使命。

为红色政权而战

☆☆☆☆☆

解放了，春天来得特别早。

春节刚过，报春花、野菊花就竞相开放，紫一串、黄一串缀满了田坎、土坡。苦苦菜、地敏菜、野韭菜、曲连菜也肥肥大大地伸出了头。要是往年，不等它们冒尖，就早被穷人们掐光了。

然而，在这个美丽的春天里，国民党残留在川东南的爪爪脚脚也蠢蠢欲动。农历三月初三，川东南地区的土匪一起举事。一连几天，九连驻地附近枪声不断。匪徒到处贴标语，传谣言，烧仓库，劫车船，枪杀、活埋工作队干部。为首作恶的是惯匪刘云熙。他解放前为非作歹，如果看上哪个花轿中的新娘，一摆手，花轿就得先抬到他的院坝里，谁敢不依，当下掉脑壳。

解放后，这家伙又纠集流窜的国民党散兵、地主武装、乡间匪棚（土匪集团），成立“川东南反共救国游击纵队”，自称第九纵队司令，砍香赌咒要与红色政权对抗到底。人民解放军虽然对这批匪徒进行过多次围剿，但因该匪手下养了一批练过峨眉拳术的亡命徒，仗着人熟地熟，来去无踪，有时面对面交战正激烈时，只听一声吆喝，闹哄哄的土匪一眨眼皮就隐于竹林之中。

为了生擒刘匪，九连奉命驻扎在资（阳）、内（江）两县交界处。根据上级指示，官兵们走家串户，宣传党的政策。经过一番艰苦工作，初步打开了斗争局面。一天，三班的战士们正在冲里帮助乡亲们种田，忽见冲里的年轻人二娃子气喘吁吁跑来，一进田垄就把邱少云拉到一旁。

“清晨，我去回龙场赶场时，看见一伙人不挑担子、不背背篼，模样很像土匪。”

这几天，邱少云每天都帮助二娃家耕田，二人成了好朋友。

“看清楚喽？”邱少云问。

“没错！”二娃子说，“这些龟儿在山里躲，硬是躲不住了。一逢场，就溜下来逛街，吃馆子，抢东西。”

邱少云立刻把这情况报告给班长。

班长命令：“三班，携带武器，到冲口集合！”

“班长……”邱少云轻轻扯一下三班长。

“啥事？说！”

“班长，我建议：三班同志换上乡坝人的衣衫，再进场……”

“化装擒敌？”班长想了想，改口命令道，“都去换衣裳！这回，咱要接受以往教训，不让土匪再认出咱，一溜烟儿散了。”

10 分钟后，冲口小路上集合起 10 来个庄稼汉。他们有的穿长衫，有的短打扮，头上都包了黑帕、白帕，身背背篼，肩挑竹担。三班长一看没问题，就带小分队急速向回龙场奔去。

此时，回龙场正是最热闹的时刻。几百米长街上，人挤人，担碰担。茶馆里“轰”地一声，闹哄哄拥出一批人来。

邱少云的目光，一下就盯住这批人。他想起前几天发动群众时，乡亲们提供的情况：土匪进场后，一般先往茶馆里闯，喝了一开二开后，才有精神四处游逛。于是，他向战友递个眼色，死死盯住一个人。那人身上没有担子，衣服没有纽扣——这正是土匪便于脱身的招术。

他见那名土匪拐进一条小巷，也尾随而去。他向身旁的战友递个眼色，示意他快去向班长报告，自己悄悄地加快了脚步……伸手，就能碰到那人了，可他却没去捉，改了主意，迅速敞开身上的衣扣，主动向他打招呼：

“喂！大哥儿，那边有解放军，往这边走。”

那人上下打量对方，只见来人头缠白帕，打双赤脚，衣衫无扣，开口又是川东腔调，断定是当地汉子。那人正极力回忆匪棚中是否有此人，忽被邱少云一把拽住：

△ 抓获土匪（插图：韩新维）

“解放军进场喽！各处在搜查，现在跑，还跑得赢。”

那人慌起来，脸色大变。顾不上打量对方，揪住邱少云的衣袖，说声“跟我来”，就要往一家墙上纵。邱少云一看，暗叫“不好”伸手一把扯住他。

“那边去不得！一排解放军正从那边围过来。这边来！”

那人一听更慌了，一切听从邱少云的安排，随他七拐八拐进入一家店铺。邱少云向他努努嘴：“里边，都是棚子里人。”

那人很警觉，没动腿，看了看店铺，心中犯疑。

“老板，迎客！”邱少云不容土匪多想，连推带掀地把他弄进店门。随手，关死了店门。那家伙晓得中了计，想跑已经来不及。顿时像被砍了一刀似的，腰板再也直不起。

经审讯，那人是刘匪手下的一名小头目。邱少云和战友反复向他讲解形势，宣传政策，指明前途。他见大势已去，便供出刘匪最近的情况，表示要下山为民，不闯黑路了。

邱少云看一看场集尚未散尽，于是再向三班长建议：带这个小头目，再去场上转一圈。

在场上，小头目指认了几名土匪。三班这一趟收获不小。

意外的命令

☆☆☆☆☆

离开回龙场的时候，大伙有说有笑。邱少云却一言不发。他在心中暗自盘算：这回，我要为九连夺一面锦旗……可谁知，他却听见一个意外命令：九连，连夜返回内江。

邱少云简直不相信自己的耳朵：“啥子？返回内江？”

“返回内江！”连长重复一遍命令。

战士们开始行动了，迅速整理背包，挎枪，系子弹袋……只有邱少云一人，闷闷地站在原地，不动窝。

“少云同志，没听见命令吗？”连长问道。

“我留下来，捉刘匪……”

“胡闹！”连长大声打断他。

邱少云轻声嘀咕："……莫非，我们捉不住刘匪……你对师长讲过，这回要再立大功，再夺锦旗……"

"锦旗……"朱连长再次打断他的话，用手向乡政府门前挂的一块大木牌指了指，"我要的大功，是这个！"

邱少云的眉毛，倏地立起。他把目光投向乡政府门前的大木牌。只见木牌上写着七个红漆大字：红粮乡人民政府。

部队沿着宽阔的沱江，向南行进。

队伍的气氛，远不如来时活跃。邱少云更是闷闷不乐，他不唱歌，也不说话。忽然，觉得肩膀一轻，分明是谁握住了他的枪。回头一看，是连长。

"累了吧？来！我替你背一会儿。"

"不累。"邱少云按住枪，把头扭向一旁。

"怎么？还憋着气？"连长靠近他。

邱少云低着头："眼看……就要捉住刘云熙……"

"你以为我不想抓刘匪？他杀了我们多少同志？不久前，我们一位同志在加强地方工作时，被土匪捉住。他面对16把大刀，宁死不屈，最后被匪徒卸成40块，投入沱江……可是，你想过没有？自古以来，穷人没断过反抗，拼哪，杀呀，出了不少好汉！可为啥，一代又一代总是让反动派掐住脖子？"

他扭头看邱少云，正碰上邱少云投来的疑问眼光。他知道，这个问题也正困扰着邱少云。他说：

"人再多，不往一起使劲儿，硬是要吃亏。没有统一意志、统一纪律，到头来还是叫反动派一个一个扎住脖子。今天穷人夺了天下，为啥？并不比从前多长一只胳膊、一条腿，而是组织起来，具有统一意志、统一纪律。一支军队，没有统一意志是最可怕的。”

邱少云的心猛地一动。他没想到：纪律与流血、胜利、生命，有着如此密切的联系。他把身子朝连长那边靠了靠，仔细听起来。连长发现他脸上的变化，加重了语气：

“上级下达的每一道命令、制定的每一项纪律，都是从全局考虑的。每一名指挥员、战斗员都必须自觉遵守，自觉服从，这样才能保证全局胜利。”

连长说完话，走远了。可是他留下的话音儿，却仍在邱少云的耳边回响。直到此刻，邱少云才明白他离一名真正的解放军战士，还差得很远。

九连返回内江后，才知道上级交给他们另一项紧急任务：国民党起义的七十二师在富顺一带叛变了，正向罗贯山方向逃窜。九连必须与兄弟部队连夜追击，力争将叛敌歼灭于罗贯山区。

当晚，九连夜间奔袭，与兄弟部队一起把敌人死死包围在罗贯山中。邱少云在一个山洞旁，拦腰抱住逃跑的匪首，一个侧身就把匪首摔倒在地，牢牢卡住他的脖子……

战斗结束后，九连仍有机会参加剿灭刘云熙的战斗。作恶多端的大舵把子刘云熙，最终被捉住。

九连在剿匪战斗中，再受上级嘉奖。

汗珠子换来了米

☆☆☆☆☆

静静的沱江，倒映出两岸的秀丽山坪。沿江一带的桐子花开了，散发着淡淡的清香。在江边宽阔的河坝上，搭起简易会场，主席台上扯起一条横幅“公审匪首刘云熙大会”。不远的河滩上，堆放着被土匪抢去的白米、糍粑、腊肉、几千双军鞋，还有耕牛、肥猪、活鸡、活鸭……

一大早，河坝上就挤满了群众。人们看见会场堆放的东西，不住地说：

“还是解放军行！硬是把这些棒老二

整治得老实巴巴。往后，再不怕打黑枪喽。”

8时正，刘云熙被押上会场。不知谁喊了一声，刚才还在河滩上指指点点的人们，“轰”地一声拥向台前。

“枪毙刘云熙，除掉这个害人虫！”

“枪毙！”

“枪毙！”

根据群众的要求，人民政府当即宣布：判处匪首刘云熙死刑，就地正法！

河坝上腾起震耳的欢呼声。

战士们和群众一样，沉浸在胜利的喜悦中。突然，大个子兵从人群中拉出邱少云，诡秘地对他挤眼睛：“这次战斗，你打得好，连队要给你嘉奖。”

邱少云一听，腾地跳起身：“这个嘉奖，我不要！”

“为啥？”连长听见后，感觉很意外。

“那个功，不是我一人立的。”邱少云倔强地说。

连长笑了：“是谁立的功，就记在谁的头上。人民军队奖惩分明。这一仗，你打得好，勇敢，机灵，关键时刻捉住了土匪小头目。”

“那是二娃子报告土匪去向，是全班同志事先到乡坝里做群众工作，是大家想办法迷惑土匪，不然我咋能跟土匪搭上话？早被他们认出来喽……”

连长望着这名坦白、诚实的士兵，为他的迅速成长而高兴。他对邱少云说：

“你说得对。我们取得的每一个胜利，都是整体的胜利，是依靠正确战略、战术，依靠全体参战者的觉悟、勇敢、自觉遵守纪律。没有这些，任何胜利都是不可能的。”

刘云熙被镇压了。内江地区的局势迅速稳定。征粮工作顺利开展，部队按照“按田征粮”的新政策，一次就从地主、乡绅手中征出大批粮食、冰糖、白糖。这些东西被装上木船，源源不断运往工业区、大城市，巩固了新生的红色政权。为此，上级又给九连记了集体大功一次，并授予“保卫祖国，保卫胜利”锦旗一面。

1950 年的夏季，沱江两岸获得了大丰收。

夏至一过，起伏的丘陵就变了颜色。每座小山包从上到下齐刷刷地分出黄、绿、红三个层次：山脚下，是金灿灿的稻谷；山腰上，是绿油油的红苕秧子；山顶上，是正封林的甘蔗，蔗皮正由绿变成紫红色。一眼望去，千里丘陵就像用三色笔勾出的锦缎，一直伸向天边……

这是四川解放后的第一个大丰收！九连驻地附近的乡亲们，天天议论：“硬是年辰不同喽……穷人也吃上白米饭喽。”

从稻谷变黄的那天起，九连官兵就发现邱少云睡不稳，一个人常躲在被单里哭。一有空，他就一个人坐在田埂上，呆呆地望着稻穗发愣……三班长轻轻走到他身旁，见他眼里含泪，说了句：“天晚了，回去睡吧。”

“要是我爹……活到今天……”邱少云茫然地扯过一把

谷穗，在手心捻得粉碎，又叹了一口气，“那些年，我们一家甩尽了汗珠子，巴望能得到一口米，可是米在哪里？”

“那个日子，总算过去了。”班长说。

“那个日子,再也不要回来喽！”邱少云说。

“我们绝不让它再回来。”班长说。

第二天，两眼红肿的邱少云又下田帮助老乡割稻谷。“干哪！”邱少云高卷起裤腿，拼命地挥动镰刀。

“干哪！”战士、老乡吆喝着，紧跟其后追赶。一时间，镰过谷倒，一捆一捆稻谷堆在了田头。

二娃子走过来，给邱少云端来一碗水。他问：“你想回家吗？”

“……”邱少云顿住了。两眼，向着南方的天空望了望。他多想念邱家沟啊！那块飘动着的白云下方,就是他的家乡。他离家快两年了,亲人们不知道他已经参加了解放军。他也不知道家乡是否解放，周保长还神气不神气？乡亲们还饿不饿肚皮？两个幺兄弟是否长大？是否搬回原来的小屋……按节气，邱家沟此刻也是收稻的季节，不知那里是否获得丰收？他的心，几次飞回了邱家沟。可是他没向任何人透露心情。

“割稻吧！”他对二娃子说，一猫腰，又干起来。

吃过午饭，邱少云撂下饭碗又朝田里跑去。谁想，一出门正撞上连长。连长刚从团部开会回来，浑身透着一股子高兴劲儿。

“土地法颁布了。真正翻身了。”

听到这消息，邱少云和战友们跳起来。世世代代，农民想土地，盼土地，淌尽了汗珠子，巴望能有这一天！顿时，饭碗、饭勺一齐抛上天空。

“再不受气喽！”

“真正翻身喽！”

“少云同志，你离家一年多了吧？想家不？”连长望着邱少云的眼睛，问。

“不。”邱少云摇摇头。

连长笑了：“不想家？是假话！少云，你是被周保长用一根绳子捆出来当壮丁的，参加解放军后又剿匪，连一封信也没给家人捎去过，亲人一定挂念你。这里距离你的老家不远，昨晚我和指导员研究了，稻谷一割倒，你和几名川东南的同志就回家去看看。”

“连长……”邱少云望着连长刮得泛青的方脸，半天没接上话来。喉咙里被一股热气堵住了。人民解放军，对我是何等恩情！时时把一名普通士兵挂在心上。

邱少云点点头。

割完稻谷那一天，邱少云吃罢晚饭就去连部，向连长、指导员告别。他看见连部今晚马灯雪亮，连长、指导员的身影儿在窗子上来回晃动。今晚，他们没去参加战士的业余活动，而是手扶腰杆儿，不住地在屋里走动，情绪激动。

“出啥事情了？”邱少云心中闪过一个念头。

他听见，连长朱斌烦躁地说：“国家刚太平，经济刚恢复，谁希望再打仗？可是帝国主义分子偏要隔着大江大海来侵略。”

“不惩罚一下，帝国主义就不舒服。”指导员的声音也传出来。

“报告！”邱少云在门外喊了一声。

“进来！”连长扭身命令。他看见是邱少云，就问，“回家的东西收拾好了？啥时动身？”

邱少云一步跨上前，满脸怒气：“啥子时候喽，还探亲？你说帝国主义又来侵略了？”

“来得及。你的家是铜山梁县，从地图上看离这儿只有百十里路，抓紧点……”

“还是打跑了侵略者，再回去见乡亲。”邱少云的话，硬邦邦的。人站在地上，像钉死的木桩。

“该回家看一看，好让亲人放心……”连长还在劝他。

邱少云又一次截断连长的话：“离家时，我是被捆着手抓的丁。回去了，头顶一颗八一帽花。乡亲们要问：你是戴八一帽花的人，你说说减了租、退了押、翻了身，好日子保住保不住？我说啥子？我说，帝国主义强盗又炸东北？”

连长走过去，用两只手紧紧按住他的肩头：“好同志，好战士。祖国有你这样的战士，谁也别想把胜利果实夺去。”

他答应了邱少云的请求，批准他参加抗美援朝战争胜利后，再探亲。

行进在苦难的土地上

再见吧！祖国

☆☆☆☆☆

形势的发展，牵动着九连官兵的心。

官兵们在连队最明显的位置上，加挂了一张世界地图。一张地图，成了一百多名官兵注视的中心。每天工作完毕，官兵们带着一身热汗挤到地图前，用粗黑的手指寻找陌生的地名：平壤、仁川、新义州……战火已经烧到了鸭绿江边！

1950年10月8日，中国政府决定组成中国人民志愿军。首批赴朝作战的志愿军部队于10月19日跨过鸭绿江。

这天下午3时，师长亲自来到各连作动员。他一身风尘，神情严肃。

“九连情绪怎样？”他一跨进连部，就用特有的大嗓门高声问，“有没有变毛变色的？”

朱连长用手指了指站在门口的战士们："您看！"

师长一看，心里发热。几十名士兵焦急地等待战斗命令，脸上没有一丝恐惧。为首的三班长和大个子兵，手牵一块大红绸布，绸布上用墨汁和鲜血密密麻麻写下一百多名士兵的名字。微风下，绸布带着一百多个名字徐徐飘动。

"好！我们的战士是真金子！"饱经沧桑、果断坚强的指挥员，眼里迸出不易让人察觉的泪花。

1951年3月，九连奉命离开驻地，随师、团经过重庆、武汉，向华北战略机动位置开进。

部队沿着成渝公路，向南前进……几天后，进入邱少云的家乡铜梁县境内。

一踏上家乡的土地，邱少云的心就特别激动。这是他最熟悉的土地！他踮起脚尖，向远远的山梁背后望去——那里是邱家沟！他的视线虽被山梁挡住，可是他依然感觉自己看见了玉屏山、关溅河、不供菩萨的小草屋……

途中，他利用宿营时间给亲人写了一封信，报告自己的近况，表明不灭顽敌不回乡的决心。

前方，已听得见鸭绿江的流水声。每名志愿军战士的心，立刻被一种无比崇高的感情攫住了。千军万马在祖国的东北大门口等候待命。

那边，不知谁起了个头儿，一队战士立即唱起新近学会的一支歌曲：

我们自幼心爱的一切，
宁死也不能让给敌人。
共青团员，武装起来，
踏上重任，
万众一心保卫家园。
……

庄严的歌声，春雷般从队伍的一角滚过来。所有的人，都跟随唱了起来。

师长大步走过来。他将亲自率领这支光荣的部队参加特殊的战争。晚霞，映照着奔腾的鸭绿江水，江水像一条绿色的锦带，飘动在祖国的东北边陲，飘动在战士们的脚下。每个人的脸，都被江水映得光彩夺目。

师长目光炯炯地望着大家，脸上显露出无比庄严：

“在这无比庄严的时刻，全体同志要树立这样的信念：在光荣的抗美援朝战争中，我们的名字不书英雄榜，便涂烈士碑！”

“保卫祖国！保卫家园！”

战士们的心，在震撼寰宇的吼声中跳动。邱少云目不转睛地盯住敬爱的指挥员，口中反复默念着：我们的名字不书英雄榜，便涂烈士碑。

天渐渐黑了。部队开始过江。

九连长身背13面锦旗，带领自己的光荣队伍踏上朝鲜的土地。行进在队列中的每名官兵，心中都有一个愿望：

在朝鲜的土地上，再为九连立大功、添锦旗！

眼前，出现了火光——前面，是炮火连天的兄弟邻邦朝鲜；身后，是亲爱的祖国。此刻，连长对部队大声喊："让我们回过头去，再看一看伟大的祖国吧！"

顷刻，战士们拥到鸭绿江边，久久地远眺，贪婪地望着祖国的天空、土地、楼房、冒烟的烟囱……

"再见吧，祖国！"

邱少云和战友们轻声默念。

小妹妹，叔叔为你去报仇

☆☆☆☆☆

一跨过鸭绿江，迎面扑来一股刺鼻的硝烟味儿。敌机怪叫着在头顶盘旋，不时扔下几颗炸弹，地面腾起团团烟火。

天已经完全黑下来。回头眺望，祖国

的丹东市正是万家灯火，而鸭绿江这边却是一片凄惨和悲凉：没有灯光，没有炊烟，一点声息也听不到。楼房、大树全倒了，焦黑的残垣断壁如墓碑一样斜在废墟上。满地都是破碎的家具、儿童车、衣服、鸡毛、血污……一阵寒风吹过，带着火星的灰烬漫天飞舞。电线的断头，也在寒风中瑟瑟飘动。

“同志们，这就是新义州！——这就是朝鲜的大城市！”指导员指着废墟，大声对战士们说。

一听这话，战士们的心都被戳了一下。

“真是一群野兽！”不知谁愤怒地骂了一句。

仇恨，推动战士的双脚快速向前飞奔。

按照行军计划，九连的第一个宿营点是名叫平川里的村子。从地图上看，现在离平川里还有一百多里地。这就是说，必须以每小时十七八里的速度前进，才可能在拂晓前赶到。上级要求部队：以 19 天时间赶到中线战场。

夜色浓极了，冷风阵阵扑来。战士们的帽檐上、眉毛上都结了霜花。不少战士的棉袄也结出一层白霜。

“向后传，一个跟上一个，不要掉队。”连长向身后的通信员命令道。

队伍像一支利剑，在黑夜中快速地朝中线战场插去……

前方，传来了清脆的枪声——朝鲜人民军防空哨发出了信号。朱斌连长高喊一声“防空”，部队立即向公路两侧散开。一些后勤部队车队的车灯也一齐熄灭。

蓦地，头顶挂起一串串亮灯，照得山川如白昼一样雪亮。

“啥子玩意？”邱少云趴在地上问。

“卧倒！”三班长按下他的头，警告说，“这是照明弹！专给敌机照亮的，敌机看见目标就炸。”

一句话没说完，只听“吱——”的一声怪叫，一架红头飞机从头顶上俯冲下来，紧接着响起机枪声、爆炸声。巨大的爆炸气浪，裹着土屑、碎石向战士们的脸上、身上袭来。

“有点钢铁就这么嚣张？等到了中线战场，再算账！”邱少云抹了一把脸上的泥沙，愤愤地说。

敌机飞走后，战士们跳起来，整理好队形继续前进。

现在的时间，离拂晓还有3小时。从地图上看，这里离平川里还有四五十里路。

“加快速度，跑步前进！”连长发出口令。

急进的部队下了公路，拐进一条山沟。根据行军图标明的方位，平川里就在山沟的尽头。可是举目遥望，四周空旷，没有一间房子，连鸡鸣狗叫的声音也没有。出国时，首长介绍过，朝鲜的一个“里”相当于中国的一个行政村。照这样看，平川里至少也该像四川内江的回龙场一样大，为啥看不见一点儿影子？

连长命令通信员：“打开地图，再查一查！”

通信员把地图铺在一块大石头上，连长打开手电筒照了照，发现行军路线没有错。他马上找来团部配属的一名朝鲜人民军翻译，问是怎么回事。翻译往路旁一片地方一指，说：

“那就是平川里。”

“那儿是平川里？”明明是一片空地嘛！什么东西也没有！这个曾经叫“平川里”的村庄，在美军的飞机下已经不存在了。

“不用再找了。这儿……就是平川里。我们从实地已经辨认不出了……”连长说不下去，他命令战士们放下背包，就地宿营。

大家站着不动。仅仅八个月时间，战争就让朝鲜的土地面目全非了。

“放下背包，宿营！”

连长再次催促，战士们才从痛苦中清醒。一个个慢慢放下背包，各找各的地方挖掩体。

行军的第六天深夜，九连又进入另一条深山沟。这里山势险要，谷中淌着湍急的流水。这样的深山沟，月亮也不易照进来。部队在山沟里行走，忽然山谷另一面传来凄凉的哭声，战士们的脚步不由得放慢了。

朱斌了解战士们的心情，他命令三班循声搜索。

原来，敌人在山沟里扔下一批炸弹，又一个小山村变成了废墟。活着的人转移了，剩下一些炸死、烧死的尸体，横七竖八地倒在冒烟的废墟中。

邱少云的胸口像塞了什么东西，闷得透不过气。他阴着脸，在浓烈的黑烟中穿行，努力寻找哭声的源头……忽然，他发现哭声是从一个冒烟的草房里传出，于是不顾一切冲向草房。

草屋内，浓烟滚滚。屋顶被火舌卷掉了大半，茅草炸出的火星四处飞溅。邱少云大声呼唤：

“喂！喂！”

屋里没回应，哭声却更急促了。他一猫腰，钻进烟火中，在地上摸索起来。

“喂！喂！”

他一面摸，一面大声呼喊，判断哭声的位置。可是，哭声中断了。他的心也随之冰凉。他在屋中又摸索了一阵儿，没摸到什么，只好顶着滚烫的气浪冲出小屋。

望着哭声中断的小屋，战士们默默低下头。

他们整理好行装，迈着沉重的步伐踏上夜行军的路途。

夜，很黑，很冷。队伍刚走不远，突然背后又"哇"地传来哭声。震得山谷颤抖。战士们回头看去，只见那座小屋的木檩子掉下来，火星"轰"地腾上夜空。

"那娃儿没死！"邱少云喊了一声，甩掉背包，重新朝小屋扑去。三班长也跟了过去。

这时，大火已封住屋门，烧红的瓦片、木块直往下掉。邱少云再次冲了进去。他顶着燃烧的气浪，在浓烟下屏住呼吸摸索……他和三班长顺墙壁、土炕，细细摸过去。好一阵儿寻找，才发现墙角一个水缸后边蜷缩着一个小身体。他冲过去，一把抱住小家伙，从房子的豁口冲出来。

月光下，他看清那是一个4岁左右的小女孩。小女孩的眉毛、头发都烧焦了。乌黑的脸蛋上，烫起几个大水泡。她的爹妈都已被美军飞机炸死了，她因躲在墙角的水缸旁而幸免于难。卫生员跑过来，用纱布替她包扎好。女孩哇啦哇啦地哭叫着，两只小手拼命抓住邱少云的衣服。

邱少云虽然听不懂她的话，可他懂得失去母亲的痛苦。这时，他的双手已在烈火中被烧出许多水泡，他顾不上双手疼痛，紧紧搂住小姑娘："连长，我把这娃儿背走。"

"对！咱们全连把她养大。"战士们说。

连长看一看荒凉的山沟，说："背她走一段吧。到了有人烟的地方，再说。"

部队出发了。走到一个有人家的村子时，连长叫通信员

△ 烈火中救出朝鲜小女孩（插图：韩新维）

找来一位里委员会干部，她是一位 50 岁左右的老妈妈。老妈妈身后跟了七八个孩子，都是失去父母的孤儿。小姑娘大概知道要把她留下，紧紧搂住邱少云的脖子，邱少云也紧紧搂抱着她。

连长走过来，轻声说："同志，侵略者的手伸到哪里，哪里就会滴血，哪里就会有孤儿。记住这笔血债吧！到战场上叫敌人还！"

邱少云的情绪冷静下来，他替小女孩理了理头发，对她说："小妹妹，不要哭！叔叔为你去报仇。"一面说，一面用手揩自己的泪。

黎明来临之前，部队又前进了。他们留下一些炒面，作为抚养孩子的口粮。

这是一个寒冷的黎明。大地铺满了白雪，树上挂着青白的冰凌。部队出发后，邱少云猛然转过脸，严峻的目光直逼连长：

"连长，19 天内咱们能赶到中线战场吗？"

朱斌愣了片刻。他觉得这个问题问得奇怪，部队没日没夜地奔袭，不就是为了在预定时间抵达中线战场吗？！这有啥疑问？猛地，他明白了：这个沉静的士兵，已被复仇的火焰点燃了。一天 130 里的速度，他还嫌慢。

他肯定地告诉邱少云："赶得到！一定赶得到。强盗们逃不掉咱们的惩罚了。"

一 火线运输兵

☆☆☆☆☆

急进的队伍，突然在公路上停下来。

前面传来“原地休息”的命令。这命令，倒叫一些战士像听见冲锋号一样兴奋。大家窃窃议论:“要打仗了。准是一次大战役。”

轰！轰！前方传来大炮的轰鸣。炮声，把战士们从背包上弹起来，个个起脚向前方张望。

这时，连长走过来，满脸兴冲冲的。大家一看他的神气，心中就有数了。步枪一齐挎上肩膀。

“同志们！复仇的时刻到了！”连长大步走到队伍中间，长满胡楂的方脸泛起一层红晕。

战士们一听，都自动站好队列，等待战斗命令。连长望着威武的战士，大声动员:

“在志愿军的全面攻势下，美帝国主义害怕被分割打击，急忙后撤了。今天零时，敌人以三八线上汉滩江南岸的罗家山为屏障，组织火力，掩护南逃。师、团首长命令我连，立即突破汉滩江，强攻罗家山，摧毁敌人的所谓‘立体防线’，粉碎敌人的南逃计划。”

“坚决完成任务，为朝鲜母亲、孤儿报仇！”

战士们齐声呼喊，个个精神抖擞。大个子兵用手戳了戳邱少云，比划一下拳头。连长点了10名战士的名字，命令道：“点到名字的同志，到公路右侧集合。其他同志，由各班带开准备！”

在10人名单中，有邱少云的名字。

10名同志集合齐了，连长走过来直看大家。20只眼睛也正期待地望着他。“同志们，为了对付敌人的现代化装备，团首长决定从每个连队抽出10名士兵去集训队，一面学习军事，一面完成战斗保障任务。”连长一字一句地说着，他用眼睛观察着每一位同志的表情。

他看见，邱少云的眼睛忽地瞪大，两道浓眉拧在一起，嘴唇动了动就要叫出声。但马上，他又咬住嘴唇，紧紧闭住嘴。

“有意见吗？”连长问。

邱少云抿着嘴，没出声。一会儿，从他嘴里挤出两个字：“服从。”

连长欣慰地笑了。

集训队是由各连临时抽调的人员组成的队伍。全队人员一到齐，首先投入保障罗家山战役的物资运输工作之中。

当两三箱子弹扛上肩膀，邱少云立即感到：搞运输不是一件轻松的事。

前方炮火正紧，一个团每分钟消耗万发子弹、炮弹——这些弹药，全靠运输队员徒步送上战场。遇到敌机轰炸、道路封锁时，他们要攀着树枝、悬崖前进；接近敌哨所时，还要隐蔽队形，匍匐前进。

邱少云一队 20 人背好支架出发了。

走了一段路，下一道大坡，一条大河挡住去路。江面的大桥已被敌机炸坏。江边涌来的大批人马、物资，只能靠工兵临时架起的一条便桥通过。

便桥上，拥挤异常。过江部队传出各种口令。炮兵部队过来了，一面赶着拉炮的牲口，一面叫“借光！借光！大炮来喽！当心牲口踩着脚！”推手推车的祖国东北民工也跟上来，满头大汗地喊：“枪要弹，人要饭……”朝鲜老人、妇女支前队也赶着牛拉木轮大车，挤在人群中喊：“同志，让一让，让一让。”

运输队赶到桥头时，桥面已没有插脚的空儿。

一些同志担心挤不过去，敌机一来又要耽误大半天时间，正犯愁。只听邱少云说句："跟我来。"领头侧身插进桥面。在家时，他学会了挑担赶集的本领，再挤的人流也能自如地穿行过去。此时，他瘦高的身子灵活地在前面开道，瞅准空隙就侧身插进去，运输队的队员跟在他身后，一个个顺利地走到桥中间。

"嘟——嘟"一队满载物资的卡车，开上便桥。喇叭按得一声高过一声。司机从驾驶室伸出头，扯着嗓门喊："借光！同志！这车是从祖国开来的。走了几天几夜，赶着把粮食、弹药送上战场。"

"祖国"二字，有着特殊的号召力。过桥的部队一听见，就尽量挤紧身子，给车队让出一条通道。汽车擦着步兵战士的胳膊，往前开……忽然，后面谁挤了一下，前面的一串人都跟着身子倾斜。一名运输员没站稳，一脚踏空，险些掉进江中。邱少云伸手拉他一把，用力过猛，自己背架上的一个子弹箱被甩进江中。江面上，冒出一股冰水。

"糟糕！"邱少云叫了一声，卸下身上的支架，就往江中跳。身旁的战友一把拉住他：

"跳不得！你晓得江水有多深？天这么冷，只是一箱子弹……"

邱少云甩开他的手，一纵身跳入江中。

初春的朝鲜，江面上飘着冰碴儿。急急东去的江水冲击岸边的岩石，发出震耳的响声。漆黑的水面泛起浪花，掀着战友的心。

桥面上，无数双眼睛盯住江面，人们的呼吸停顿下来。好一会儿，只见邱少云的头露出水面。

“捞上来了?”几十只手臂,一齐向他伸去。

他摇摇头。头上的冰碴子，纷纷掉下，打得水面沙沙响。

“算了吧！别冻僵了。”有人劝他。

“不！”邱少云吐出一个字。他没去抓战友的手，大口呼着气，估摸一下位置，又一头扎入江底，江面上，涌出一簇雪白的水花。

战友们的心，再次提到嗓子眼。初次与邱少云接触的人，都觉得这战士脾气古怪。乍一看，他脸色蜡黄，言语不多，身子又瘦又弱。可是时间一久，就从他身上感觉出一股出奇的顽强劲儿。只要他认准的事，就毫不动摇地做到底。集训队的战友们摸准了他的脾气，都不敢贸然评论他，全站在桥面上替他着急。

“咕咚！”邱少云的头，第二次露出江面。大伙看见，他的手臂托出一个子弹箱。

运输队员七手八脚连人带子弹箱，一齐拉上便桥。

“过来暖暖身子吧！”大家争相解开棉衣，

替他暖身体。不由分说，把他的手、脚分别塞进几个人的怀里。

“轰——轰！”

前方，志愿军突破汉滩江防线的战斗打响了。爆炸的火光，撕破夜幕。

邱少云“腾”地从战友怀中站起身，背上弹药，又前进了……

再往前走，炮声更响了。

呼啸的炮弹，拖着长音从运输队员的头皮擦过。爆炸引起的气浪，呛得人鼻孔、嗓子眼发烫。

前面，被硝烟笼罩的马鞍形高地，就是敌我双方拼死争夺的罗家山。

“拉开距离，俯身前进！”运输队长高喊一声，他一手提一颗手榴弹，一手托住背后的背架，一俯身带头进入阵地。

“冲！”邱少云喊。他紧跟老兵，一猫腰钻进烟雾中。

这时的阵地，敌我双方的争夺已达白热化程度。机枪、火炮打得空气发烫。志愿军对主峰的守敌已发起第10次冲锋！惊惶失措的守敌仓皇调集所有火力，凭借有利地形，拼命向志愿军阵地轰击。重磅炸弹、凝固汽油弹一个接一个投下，排炮一阵紧接一阵打来，不留一点空隙。整座山，弥漫在硝烟中，数十米外什么也看不清。发动攻击的志愿军官兵的脸上、身上，都被硝烟熏得乌黑。山坡上，烧起一片大火。

志愿军官兵不顾一切向罗家山猛扑，漫山遍野发出冲锋的吼声。一些勇士多次负伤，仍高喊：“冲啊！我们是代表祖国的！”

运输队员踏着震天的吼声，进入阵地。他们把一箱箱子弹递到勇士们手中。

“子弹！子弹来了！”

“好！来得正好！谢谢你们！”射手们接过子弹，压进枪膛。他们已多次被炮火炸飞的泥土埋住，又多次跳起来，拍拍身上的泥土继续射击。仇恨的子弹，潮水一般向敌人射去。

谢谢？邱少云心中涌起一股热浪。他认为，流血的是前方勇士，祖国应该感谢的是他们……这时，他更意识到运输工作不可或缺。此刻，他暗暗佩服上级首长考虑问题的周到、缜密。他与运输队员向勇士们喊：

“狠狠地打！更多的子弹，马上又会运来！”

在血肉横飞的罗家山战场上，邱少云与九连官兵相逢了。火光、硝烟，熏黑了13面大锦旗。邱少云紧紧握住战友的手，却辨不出他们原来的面孔。三班长的面孔变得乌黑，嗓子已经喊不出声，却仍做着手势，指挥全班士兵作战；爱开玩笑的大个子兵左腹部受伤，头发烧焦了，帽檐烧去大半，仍抱着机枪坚守岗位；指导员的棉衣、棉帽，被拉出10多处白花，胸前烧得像马蜂窝，他仍把成箱的手榴弹揭开盖子，一堆一堆摆放在工事旁，准备复仇；连长朱斌的腿负伤了，他躺在战壕的担架上，指挥战斗。因失血过多，朱连长大口大口地喘气，脸色变得土黄，满脸的胡楂显得又黑又长。他的棉裤已被鲜血染红，血液从裤腿中渗出，滴进战壕的虚土里。他一看见邱少云扛着子弹箱走来，就挣扎着欠起身子：

“你们来了？谢谢！我代表全连队感谢你们。”

“连长！”邱少云心中涌起一阵酸楚，他走到朱斌身旁，轻声说：“你负伤了？我背你下去。”

朱斌粗着喉咙回答：“先把大个子兵背下去！他伤得不轻，我还能走。上级要求不惜一切代价拿下罗家山，现在罗家山还在敌人手里，我当连长的咋能离开阵地。”

说着，他的脸孔换了一副表情：焦急，冷峻。这使熟悉他的邱少云吃了一惊。只见连长转过头，对通信员说：“去喊指导员来一下！部队得重新组织，编排，编班，继续进攻。”他的声音依然粗壮、响亮。

邱少云觉得，这个勇敢的身躯即使鲜血淌尽，也永远会发出粗壮、响亮的声音。他对连长说：“连长，你的腿正淌血。”

朱斌向前欠起身子，吃力地说：“打仗嘛，就是这样……手坏了，还有腿……腿坏了，还有嘴，还有牙……想尽一切办法，压倒……敌人。”

他说着，“霍”地站起来，用力移动身子向观察孔挪去……身后，留下一行血迹。

……

邱少云身背大个子兵下山了。他的棉衣后背被大个子兵的鲜血染湿了一大片。

脚下，是被炸弹耕犁过的虚土，足足有一尺深。他吃力地向前挪步，心中有说不出的难过。他怕伤员失血过多出危险，奋力向前赶路。一边走，一边轻声安慰道："莫怕！大个子。我不会叫你负第二次伤。"

伏在他背后的大个子兵，一句话也没有，连哼也不哼一声。这叫邱少云心头一紧。赶紧把脸贴向大个子兵的嘴唇，试试是否还有呼吸。一试，感到还有一股微弱的呼吸气流，顿时像得到宝贝一样，高兴异常。

"快走！快走！"他拼命催促自己的双腿，恨不能一步跨出封锁区，飞到卫生队。

他一边吃力地迈步，一边侧耳注意听大个子兵的心跳，似乎他迈出的每一步都与这颗心跳有关。双脚蹚着一尺厚的虚土拼力走着，走着，迈步，迈步！虽然尽了全力，却总觉得动作太慢，太慢！

下过一道大坡后，大个子兵轻轻呻吟了一声。邱少云赶紧停步，把他向身上送了送，让他趴得舒服些。"你痛吗？"邱少云轻声问，他眼里涌出了眼泪。

“你是谁……”大个子兵无力地问。

“我是……邱少云。”他回答,“就是班里那个‘解放’兵。”

“唔。”大个子兵把头垂在他的肩膀上，“是邱少云……我过去，对你不好，你别……在意。我这个人……缺点多……在同志面前，总爱……卖老……你别生气。”

邱少云眼中的泪水掉下来。他对自己的战友有过怨，但是那些怨早被爱所取代了。他望着负伤的战友，啥话也说不出来，只是轻轻把大个子兵的身体又向身上扶了扶，抹了一把眼泪，又开始挪步……

“……这一仗，我没打好……”大个子负疚地说，“危险时刻……下火线，不……光彩。”

“不！”邱少云宽慰说，“你打得好，是真正的勇士。”

“不好……还差……我不会这么白白……撤……”大个子兵的头，慢慢垂下去，声音越来越微弱。

邱少云全身的血，冲腾上来。他觉得，无数复仇的声音在呼唤他。他真想拿起刺刀，与侵略者拼杀！可是现在，他必须用尽一切力量把伤员送进卫生队。他双脚一刻不停地奔跑，奔跑……

他抵达团卫生队后，先安顿好大个子兵。这时，他却听见一个令他悲痛欲绝的消息：朱斌连长牺牲了。

一股难以抑制的悲痛冲击他的全身！在这个世界上，朱连长是他最亲、最敬爱的人哪！他走上革命道路后的每一步成长，都有朱连长的心血。朱连长给他这个对生活绝望的人，点燃重新生活的勇气……他把身体转向罗家山方向，大声呼唤连长的名字。

漆黑的山岳，传出呜咽的共鸣。

卫生战士

☆☆☆☆☆

从罗家山下来后，邱少云的浓眉整日拧着。他肩上的子弹箱，一下子又多了一箱。不久前，他一夜跑三趟阵地，现在要跑四趟、五趟。重重的子弹箱垒在一起，高过了头顶，每走一步都要消耗巨大的体力。运输队员们看见，邱少云的脸经常被挣得青紫，棉衣也经常被汗水打得透湿。

集训队的工作结束后，集训队长评价邱少云说："好同志！你的连长没看错，你果然是英雄连队的骨干……"

“骨干？”邱少云诧异地抬起头。他不知道这话从何说起，盯住队长直拧起眉头。

“是骨干！”集训队长对他说，“参加集训队的人，都是各连队准备保留和训练的骨干。战争是残酷的，每个连队为了使自己的战斗作风能够保持下去，在每次残酷的战斗开始时，各连除了保证战斗胜利外，都要送一批同志到集训队来，一面学习，一面……”

“连长啊……”邱少云把身子朝向罗家山的方向，轻叫一声。他的全身被一种难言的感情冲击着。我算啥子？连队却这样待我？我是骨干？我被保留下来，而连长、大个子兵却……

想着，他猛地拨开人群，面朝罗家山方向，庄严地敬了个军礼。

在志愿官兵的浴血奋战下，罗家山终于被攻克。美军苦心经营的“立体防线”被撕破一个大口子。接着，志愿军乘胜追击，力歼顽敌于南逃途中。

邱少云返回九连后，立即参加追歼战斗。

这一天，天黑下来。山谷里响起急促的集合号声，作战命令下达了：上级命令邱少云所在部队以穿插、迂回手段，切断洪川东北美二师与伪军之联系，牵制中线伪军，保证志愿军主力在东线歼敌。

命令来得突然。邱少云等 10 名士兵刚从团集训队归队，就踏上夜行军的征途。

这是一场追击战。前面，全副武装的敌人正以每小时85公里的速度向洪川一带机械化行进。我军追歼部队却只能靠两只脚奔袭，官兵们一边跑，一边往嘴里塞炒面……

九连作为尖刀连，跑在全团最前面。这时的九连队已大大减员。上级刚任命团作战参谋——程士英担任九连连长。

邱少云的身上，扛了三支枪。此时的三班，经过罗家山战役只剩下5人。5名士兵默默地跑着，分担了全班12名战斗员的枪支、弹药。

老天偏不作美，下起了连阴雨，一下数十天。弄得宿营时躺没处躺，坐没处坐，水不能烧，饭不能煮，终日泡在泥水中吃冷水拌炒面。背包湿透了，越背越沉，炒面在布袋里成了面糊糊。每人仅有的一张雨布，全被战士们用来包枪了——打仗时，枪就是命。

部队的病号多起来。由于潮湿、粮食供应不足，许多战士患了痢疾，不少人被送进团卫生队。

“这节骨眼上，老天也出来夹脚。”干部中，出现了急躁情绪。

雨还要下多久？粮食能不能尽快补上？特别是病号，一天要往团卫生队送几个，这样下去，部队的战斗力很受影响。

行军中，指导员把党员召集在一起，对他们说："考验我们的时刻到了！眼下困难不？困难！疲劳、疾病、缺粮、淋雨……可是，这就叫光荣。"这些话，让站在一旁的邱少云听见了。他主动找到三班长，自告奋勇要接替牺牲的同志担任班"卫生战士"。

那以后，每次行军前，邱少云总要挨个检查药品和装备；晚上到达宿营地后，他必定要督促大伙洗脚、挑脚上的水泡再睡觉。谁的鞋太小需要调换，谁的背包带太紧勒痛肩膀，谁过沙河时没把鞋里的沙子倒干净……这些，邱少云都要管。别人跑一里路，他要跑几里。两只鞋子总是沾满泥巴。

几天下来，邱少云的步子也慢下来。他手脚软得没一点劲儿，上茅房时大便里尽出脓血，每天解手十多次。他想去卫生队要几片药，又怕被登记在本子上成为病号留下来，于是没张口，把病情瞒下了。

追击！追击！志愿军战士不给逃敌以片刻喘息之机。这一夜，九连又跑了一百多里。

天将亮时，九连在一条小河沟旁宿营了。雨，还在淅淅沥沥地下。树上、岩缝里到处都在滴水。饥饿、潮湿折磨得战士们疲惫不堪，不少人一停脚，一头就倒在烂泥里打起盹。

邱少云感觉身体疲乏极了。他也想倒在泥水里美美喘一口气，可是他没忘记上级反复规定的防空纪律：为确保部队行军安全，部队停下来必须隐蔽，哪怕只有半小时也要挖防空掩体。

他看看天色已经发白。心想，敌机随时可能发现目标，再说大家这样睡在泥水里也会冻坏的，部队不能再减员了。于是，他咬咬牙从背包后边抽出铁锹，在山坡挖起掩体。

这时，班长和两名战士也提着铁锹走过来，四人你一锹我一铲，在泥水里干起来。天亮前，山坡旁挖好几个小掩体。邱少云在掩体上搭些树枝，又解下自己的雨布做成一个雨棚，再把睡熟的战士们一个一个抱进掩体里。

安顿好后，他立即履行起“卫生战士”职责，抱着战友的双脚，一个一个脱鞋，脱袜，检查血泡。如此飞速的行军，即使脚板结过栗子皮一样厚茧的老兵，双脚也会打泡，更别说新兵了。有的小鬼，脚上旧泡叠新泡，血泡串得像葡萄，邱少云抱住战友的脚，细心地挑泡，再用纱布包扎好。

三班长一觉醒来，发现邱少云还在为战友挑脚上的水泡，关切地问：“啥时候了，还不睡？天天这么熬，身体咋吃得消？”

“没啥子。”邱少云说，他面孔消瘦，嗓子沙哑，“都是自家兄弟。乌云来了同黑，乌云过了共明。”

三班长不再问了。他知道：朱连长牺牲后，这名战士的内心发生了巨大变化。

严冬，不知不觉来临。不知啥时坑道外边下起一场大雪，整个中线战场变成一片银白。战争留下的一切痕迹，都被一夜大雪完全掩盖起来。

此刻，九连官兵遵照上级指示，正在山洞内进行紧张的坑道作业。上级一再提醒他们：随着气候的变暖，敌人的攻势随时可能到来，未来作战的胜负取决于阵地的巩固。为此，志愿军各部队展开了紧张的坑道作业，战士们冒着密集的炮火，攀登悬崖，开山劈石，抓紧一切时间挖坑道。胳膊肿了，浸浸冷水再干；手磨破了，在镐把子上抹点肥皂再抡；手上的老茧退了一层又一层，胸脯、臂膀上的肌肉疙瘩突起老高……

正当坑道作业一点点向前推进时，出人意料的情况出现了。大多数战士得了一种奇怪的病：白天干活扛木料、炸石头，还挺带劲儿，可是太阳一落山，睁着眼睛却变成夜瞎子，走路没人牵会往别人身上碰，夜间派人站岗、搜山、巡逻，也常常发生碰撞现象。

“乱弹琴！入朝作战才一年，咋就发生这种事？”新连长程士英大为恼火。他带兵多年，从未遇见这号事。“战局相对稳定了，松懈情绪就冒头！部队管理宜紧不宜松！”他得出这个结论。

他正在思考如何整顿部队作风的计划时，就听见卫生员频频跑来报告："部队出现了夜盲症。"

"见鬼！"他大发脾气，"能吃能睡的，有啥症？"

这一天，他随战士进山洞打坑道，抡了一夜大锤，天亮时刚被换下来休息，他想返回宿舍躺一会儿。谁料，一出坑道他看见邱少云手端一碗绿水，走过来。他不快地问："啥东西？"

"松针水。"

"弄这干啥？"

"试试能不能治夜盲症。"

又是"夜盲症"！他一听这三个字，身子就冒火，怒气就上冲。可他还是压住了，"能治吗？"

"兴许能。"邱少云说，"我试过几次，不好喝，可是没啥不良反应。眼下部队缺少药品、新鲜蔬菜。听卫生员讲，绿色植物中有维生素，大冬天带绿色的东西只剩它……"

"维生素？兵是越来越娇了。当年在华北打日本鬼子，吃不上一碗高粱米，没听说谁缺少维生素，照样扒鬼子炮楼。现在啥条件？有棉衣，冻不死，饿不着，动不动就闹出啥夜盲症？我看，是怕苦症。"

"啥子？"邱少云不同意连长的判断，"战

士们枪林弹雨，爬冰卧雪……哪个怕苦？”他愤然举起碗，刚想摔下山崖，可是抬了抬手又放下了。他没再争辩，端着那碗松枝水走进防空洞。

“连长东木！连长东木（同志）！”

那边，一个快活的女声，用半生的中国话向程连长打招呼。

程连长抬起头，看见一位衣裙飘动的朝鲜姑娘向他跑来。她是九连驻地附近金大爷的邻居，名叫英吉，平时常到驻地帮助志愿军干活。现在英吉姑娘手中拿着三根像胡萝卜大小的高丽参，闪着顽皮的眼睛。“连长东木，有一件事请您帮忙。人参的，交给邱少云。他的眼睛坏了，看不见。”

一听又是这事，连长的脸立时拉长了。

“通信员！”他大声喊，“今晚天黑后，全连紧急集合。我倒看一看啥东西叫夜盲症！”

当晚，一阵紧急哨声响起。各班防空洞、作业坑道里的灯，一起熄灭了。战士们迅速整理装具，一个牵着一个的手快速来到集合场地。

程连长扔下手电筒，也走出坑道。今天的夜，出奇的黑，一切都仿佛被夜幕吞噬了。程连长觉得，山没有了，树没有了，常走的路也没有了。

“今天是农历几月几？”他极力回想，怎么就不出月亮了？他感觉行走困难，幸好这条路他常走，还是摸到了集合场。

“同志们！”他一跨上集合场，就严肃地对大家讲话。

不料,话刚出口,身后“哗”地一片笑声。他愣了,怎么?自己背对士兵讲话?赶紧转过身,可是眼前一片黑,没有一个战士的影子。他急了。

“唉呀!我怎么看不见?眼前是一片黑沱沱。”

“不好!连长也得了夜盲症。”不知谁这么说,大家都紧张了。连长这才意识到问题的严重性。原来,这些日子,他出外巡夜时都打手电筒,没觉出眼睛有问题。他冲队伍大声喊:

“卫生员,快统计一下,连队有多少人得了夜盲症!快到团卫生队去领药。”

卫生员说:“目前药品困难,一月只发两瓶鱼肝油,解决不了问题。”

连长烦躁地直搓双手,忽然,他想起邱少云白天端的那碗绿水。

“邱少云!”

“到!”邱少云向前跨一步。

“上午你说什么水来着?啥水能治夜盲症?”

“松针水。”邱少云说,“背粮时,我听其他部队士兵说,松针水能治夜盲症。”

“好,松针水!从明天起,全连都喝松针水!”连长大声说,口气坚决得像下达战斗命令。

邱少云说："松针水又苦又涩，下午试了试，许多同志不爱喝。"

"谁不喝，告诉我！"连长说，"我亲自监督！英雄连队，人人都该像只虎，不能变成夜瞎子。"

此时，通往山上的小路上走来两个黑影儿。不等连长命令通信员打开手电筒，就听见英吉姑娘的尖尖嗓音："邱少云，邱少云。"

英吉姑娘搀扶金大爷走来。金大爷的眉毛、胡子都结了霜。老人在人群中很快辨认出邱少云，他瞪着眼珠向他走来："你不好。连长东木说，你会来取人参，我等你一天，你不来。"说着，就把英吉姑娘手中的高丽参塞进他手里。

邱少云推让着。金大爷见他不收，一甩手走到连长面前，用手比划道："你是连长东木，你让他巴比（吃）。他的眼睛有病，你的战士顶好！顶好！"他翘起大拇指。

程连长纳闷，邱少云有眼病？我不知道，金大爷咋知道？还三番五次送人参？

金大爷见连长纳闷，就把两天前发生的事比比划划告诉他：原来，自从志愿军驻扎在这里后，邱少云就成了金大爷家的常客。金大爷的老伴和女儿在大轰炸时死去，儿子参加人民军在一次战斗中牺牲了。老人一人住进山间临时搭建的草屋里，英吉姑娘常来照顾他。邱少云每次巡逻、背粮、搜山，从草屋旁过，总会顺路带给他一些生活用品，一有空还帮他开荒、担水、拾柴、拉犁、种地、语言不通，他们便用手势交流，日子久了，金大爷像多了一个儿子。

上个月的一个傍晚，邱少云搜山返回坑道时，天气突变。霎时间，暴雨倾盆。邱少云惦记金大爷的草屋，三步并做两步就朝草屋奔去，只见草屋已被洪水冲垮，金大爷正为几件农具跳入水中。邱少云一看，忙跳入水中把金大爷拉上岸。可是老人又挣扎着往水中跳。邱少云明白，农具是老人的命根子，他要用这些农具为前线打仗的战士们种粮、种菜。于是，邱少云把老人安顿到安全地方后，自己跳进水中打捞农具。终于，农具被打捞上来，金大爷要架柴为邱少云烤衣服，可他见天色已晚，又惦记班里的坑道作业，就告辞了。黑暗中，金大爷发现邱少云走路不稳，几次差点撞到悬崖上，断定他得了眼病，于是从山外亲戚那里弄来几根高丽参让英吉姑娘送给邱少云。

“你的心很细，少云同志。这一点，我不如你。”连长对邱少云说。

“人跟人的脾气不同……”邱少云说。

“不！”连长截断他的话，“如果一个人没有对集体、对战友的爱，他做事就不会想得这么周到、细致。”

邱少云没吭气。他转身去为大伙煮松针水了。

野菜与幸福

1952 年，当金达莱花又一次开放的时候，中国人民志愿军在敌我对峙的三八线附近筑起一道攻不破的“钢铁防线”。

这个捷报预示着：困难时期已经过去，敌人的所谓“空中优势”已大为削弱，志愿军有条件争取主动出击。为此，志愿军战士亲昵地把坑道称为“阵地之家”。3 月 25 日这天，九连队官兵都换上了新军装——这是九连队出国作战一周年纪念日。这一年里，他们没有辜负祖国的嘱托，同朝鲜人民军一道挫败了美军发动的“夏季有限攻势”和“秋季重点攻势”，扭转了朝鲜战场的战局。

“阵地之家”被布置得格外庄严。领袖的画像披上了大红彩绸，正面墙上一左一右挂着入朝作战后新获得的"出国作战第一功"、"阵地之家"两面锦旗。俱乐部的墙报更换了新内容，公布了祖国一年来取得的建设成绩。桌上用炮弹壳做的花瓶里，插满了松枝和春天刚刚盛开的野花。

今天，战士们也显得格外慷慨。有的拿出珍藏很久舍不得抽的"大生产"牌香烟，有的献出保存很久从祖国运来的水果糖。不知谁提的建议："一人来一段家乡戏。"战士们无需动员，一个跟一个唱起来。轮到邱少云时，大家发现邱少云的目光集中在一张《中国地图》上。指导员轻轻碰碰他：

"该你了，想啥呢？"

邱少云的思绪，从遥远的祖国拉回来："唔，我在想，我们在这里打的仗，祖国人民一定晓得。"

"你说得对。"指导员说，"咱们是勇敢的人，也是幸福的人。中国人民志愿军不是一个简单的名词，而是光荣的象征。咱们在这里钻坑道，抽'大生产'、吃干菜，就是为了让祖国亲人、朝鲜人民不再受苦，过上幸福生活。"

这话，打开了战士们的情感闸门。他们的眼前，出现了祖国美丽的田野、宁静的天空、壮实的禾苗、背起书包上学的孩子们……幸福，不是一个抽象的词汇，它是要用鲜血来保卫的。

这时，坑道外边响起了欢快的锣鼓声。大家跑出去看，原来是一群朝鲜乡亲又喊又跳地来到九连驻地，慰问志愿军。

领头的金大爷，今天格外神气。他手提一支长长的旱烟杆儿，全身换了一副打扮：头戴老式毡帽，脚穿志愿军送给他的长筒胶鞋。这把年纪、这身打扮、这股神气，一看就知道是志愿军的邻居。老人代表乡亲们把慰问品——三筐野菜——端到连长面前。他不好意思地红着脸，比划着用生硬的中国话说："用野菜作礼物慰劳亲人，全村老少心里都过意不去。可是眼下什么也没有了，地被毁了，苹果树、板栗树都被炸了，拿不出好东西。为此，全村老小昨晚聚在一起没睡觉，商量拿什么东西慰劳志愿军。想来想去，最后才想出这个主意。天一亮，全村老少都上山挖野菜……"

战士们接过野菜，珍宝似的摆在木桌上，望着野菜出神。自从踏上朝鲜的土地，他们受到朝鲜人民多少关怀。战火中的朝鲜人民已经一无所有，可是每当志愿军从村边过，他们总要从破烂的草屋中搜寻一番，哪怕能找出一碗咸菜、一把板栗，也要拿给志愿军吃。

突然，细心的邱少云从野菜中发现了问题。这些野菜，比平时战士们挖的野菜叶片大，叶肉厚，鲜嫩水灵。他心中犯疑：附近的山坡已经没有多少野菜可挖，野菜一露芽就被志愿军和朝鲜乡亲挖掉吃了。乡亲们从哪儿弄来三大筐野菜呢？

邱少云问："这野菜是从啥子地方挖的？"

"金矿山。"

“哎呀！乡亲们上了金矿山？多危险！”

战士们的心都悬起来。金矿山，是敌人轰炸、封锁的重点地区。那座山暴露在我军阵地前沿，与敌三九一高地遥遥相望。盘踞在高地上的敌人，凭借有利地形经常俯瞰我军阵地纵深，指挥飞机、火炮对从金矿山路过的志愿军车辆、人员进行轰炸，死伤事件时有发生。乡亲们为了慰问志愿军官兵，竟然上了金矿山。

金大爷见大家愣着，对众人说：“今天是个高兴日子，发愣不好。”他一挥手，乡亲们就敲起家什，甩开宽袖，跳起朝鲜舞蹈。“咚——嗒哒”、“咚——哒哒”，有节奏的敲击声，惹得战士们心头发痒，不少战士也随之起舞。

邱少云高兴极了，从坑道里拿出茶缸、搪瓷脸盆，敲打助兴。忽然，他发现人群中没有平日最爱笑、最爱闹的英吉姑娘，心中一紧，他把一位乡亲拉到一旁询问。

老乡说：“挖野菜时，英吉姑娘被敌人阵地打来的炮弹炸伤了。”

一听这话，战士们的舞步停下来，都把目光投向三筐野菜。

“连长、指导员，咱们出击吧！收拾敌三九一高地，为乡亲们报仇！”战士们围住连长请战。

“这个仇，迟早要报。”程连长说。

所有的人，都把目光投向射出罪恶炮弹的三九一高地……

为了整体，为了胜利

“摆困难”的诸葛亮会

一进9月，秋风送爽。

秀丽的朝鲜山河虽遭受战争的创伤，却依然被秋风染上美丽的颜色：枫叶红了，一片片在山冈上摇曳；田野里也有零星的果实：水稻、玉米、土豆、高粱的行垅，在布满弹坑的土地上起伏着、伸展着……

黄昏，也变得更加美丽。吃过晚饭好一会儿，太阳才把金色的余晖收回，山谷里久久飘荡着几缕白色烟雾。往常这个时候，正是“阵地之家”最热闹的时刻。战士们做游戏，打篮球，帮助朝鲜老乡拉犁、修房子，有的人看从祖国寄来的图书、画报，或给新结识的祖国朋友写信……可是今天，坑道里却异常寂静，战士们都坐在松枝铺上发愣。

原来，几天前中、朝部队对敌人的全线反击开始了。外面不断传来捷报，友邻部队纷纷把战线向南推进。九连却在原地没动，这让战士们感觉像后退了一样难受。晚上躺在松枝铺上睡不着觉，晚饭后的游戏时间也没人去玩了。连长、指导员轰也轰不动。连长抱来一个布篮球，对大家喊："来呀！坐在这里消化不良，快到小树林里抢一阵儿！"

没人搭理他。

指导员也摇动留声机："咳！来听呀！这是王大妈要和平……要呀么要和平……"他满以为这样能把大家从铺上拉起来，没想到越听这歌大伙心越沉：祖国母亲正盼望胜利的消息，作为英雄连的战士，坐看兄弟部队与敌交战，心里能安？

一名战士气呼呼地走过去，把唱针提起来。坑道里，顿时又恢复了寂静。

说也怪，师长偏巧在这个时候赶来。师、团首长一跨进坑道，满脸都是笑："哈哈，休整了些日子，身体恢复得不错吧？"

"还问呢！都休息得成大胖子喽。"有个战士腾地从铺上跳起来。

师长走到战士们自制的沙盘前，用手指着一块突出于我军阵地前沿的高地。

三九一？战士们立刻明白了。

这些日子，他们早把目光盯住敌三九一高地。这高地，位于上甘岭右翼，像钉子楔入志愿军阵地，是方圆十几公里的制高点，标高 391 米。据守在高地上的敌军一个加强连凭借坚固的设防，每日用望远镜俯瞰志愿军阵地纵深，对我方安全威胁很大。战士们早想拔掉这颗毒牙。

“怎么样？”师长眼睛闪光，“敢不敢碰这个硬钉子？”

“敢！”战士们挽袖子，捋胳膊，嗷嗷叫。

“也不能轻敌哟！”师长当头浇了一瓢冷水，“三九一高地山势孤立，周围地形开阔，易守难攻，是敌人在这一线的战术支撑点，拼死固守。企图以此为依托，控制整个平康地区，进而开展大规模的‘秋季攻势’。这颗毒牙硬得很！不久前，曾有友邻部队去拔过，但因敌火力太强，部队伤亡很大。这次，就看九连的了。沙盘上的路，看起来总是平坦些，希望你们抓紧时间进行抵进侦察，过几天我再来开个诸葛亮会……”

几天后，师、团首长再次登门召开战前讨论会。首长们在坑道里刚坐定，二话没说，就叫大家“摆困难”。

“摆困难？”大家心里犯嘀咕。这叫什么诸葛亮会？沉静了一会儿，突然都哈哈大笑起来，“首长真能逗。没听说有摆困难的诸葛亮会。革命战士，不讲困难。”

“不对！”首长打断战士们的话，脸色严肃，“上级的决心是从哪里来的？一个人想出来的？不对呀！同志们，我们的作战决心、我们所规定的军事行动，都是从基层指战员那里来的，都是从分析战场有利条件、不利条件中得来的。我们打仗不靠蒙骗士兵，隐瞒困难，哄士兵冲锋。人民军队的士兵，也是战争的主人，不但要让他们知道战争的有利条件，也要把战争的不利条件、困难，如实告诉他们。摆困难，是解决问题的第一步。困难摆得越充分，作战计划就制定得越周密，伤亡也会越小。”

邱少云的心发烫。参军以来，这样的诸葛亮会他已经参加多次。每次，他都被人民士兵的神圣感情冲击着。一名战士不仅是一颗射向敌人的子弹，也是战斗计划、战场纪律的制定者，他享受着崇高的参战权利。

他的身子向前倾了倾，破例在众人面前头一个开口："要说困难，三九一高地前面的那片开阔地，是最大的障碍。”

“对头！”有人赞成，也有人不以为然，“冲过去！”

“不行。开阔地有3000米。”邱少云指了一个沙盘，“要通过这片开阔地，不仅体力难以支持，更严重的是会遭受敌人火力的阻击。这两天，我发现山上又加紧了防备，架起10道铁丝网，布了地雷区，设置了明暗火力点，还搞了四面独立作战的子母堡、上下两层的核心堡。”

首长听着，在沙盘上加了一些标记。战友们都很吃惊，几天工夫，邱少云竟把敌人的防务情况摸得这么清楚。

“依我看，对付三九一高地，夜间发起攻

击比较有利。”有人想出一个点子，但很快遭到反对，“敌人有照明弹，咱们的冲击距离太长，夜间也很难通过高地前的开阔地。”

坑道里，又沉寂了。不知谁叹了一口气：“要是那片开阔地缩短一点，就好喽。”没人理会他的话。不料，这话却引起师长的莫大兴趣。

“他说得对！关键就在于怎么缩短开阔地的距离。”

“藏起来。”这是连长的话，他以一名老侦察参谋的头脑思索着。这话一出口，倒把大家惹得炸开了锅。

师、团首长坐在木桌旁，一直静听大家的意见。这办法，他们何尝没考虑过？以大部队潜伏的手段对付在地形、火力诸方面均优于我之敌，这在我军作战史上还无先例，稍不谨慎就会遭受不可想象的伤亡……师长把自来水笔，紧紧捏在手中，想了又想，最后把自己的顾虑全盘端给大家：

“敌人是惊弓之鸟，很害怕失去这个战术支撑点，每日惶惶不安，开阔地上飞起一只鸟，他们也要调动机枪、火炮扫射半天。而我们要保持攻击的突然性，就必须在前一夜把几百人一声不响地潜伏在敌人的眼皮下，等待第二天黄昏对敌发起进攻。万一攻击失利，尚可乘黑夜撤回阵地，减少伤亡。这就是说，部队得在敌人眼皮下，待整整一天一夜……”

他把“一天一夜”四个字，说得特别响。显然，是想提示官兵们注意这次行动的危险性。

“没问题。”一名战士说，“咱们趴在草地里，睡它一天

△ 首长在木桌前研究作战计划（插图：韩新维）

一夜。”

“不行！”邱少云说，“睡着了就会失去控制力，踢腿，蹬脚，扯呼噜……”

“哎呀！觉也不能睡？”

师长说：“是啊！问题并不简单哩。一天

一夜，不睡觉熬得住熬不住？吃饭怎么办？咳嗽、解大小便、通信联络，还有伪装、包扎救护、紧急情况处置……”

“蛇！还有蛇！”一名战士尖叫起来。

他一喊，正在聚精会神想问题的战士们个个浑身起了鸡皮疙瘩。是啊，那块开阔地上有花蛇，还有叫不出名字的昆虫，潜伏时万一爬到身上，怎么办？

“这些问题摆得好！”师长热情地赞扬战士们，又对大家说，“这么多困难摆在面前，‘藏’的办法是不是有把握？”

人们沉默了。有人对潜伏作战产生了怀疑。邱少云却充满信心，他说：“‘藏’的办法，要得！敌人做梦也不会想到我们敢用这一着。只要几百名战士一条心，咬咬牙，啥子困难挺不过？前天，我和排长摸情况时遇到意外，拂晓前没赶回来，硬是在草丛中待了一天。”

“噢？你们是怎么藏的？”首长们都转过脸，感兴趣地问。

“我们没带炒面，没带水，没吃没喝，咬牙扛到天黑才脱身。”

“困了怎么办？”连长问。

“捶脑壳，咬手。”

“咳嗽呢？”

“用衣服包住头。”

“一两个人行，大部队行不行？拿下严密防守的高地，至少得用一两个加强连的兵力。”

“一两个人能行，大部队为啥子不行？”邱少云说，“拿下三九一是为了胜利。为胜利，啥子困难克服不了？”

官兵们权衡着利弊，又重新肯定了“藏”的打法：“藏，有几十条困难，可是不藏硬打，困难更多、伤亡更大。拿不下三九一高地，对阵地安全威胁太大。”

此时，大家都用眼睛征询首长的意见。首长很满意，站起身：“好！你们提的办法可以考虑。以后这样的会还要召开多次，这样，我们才可能制定出最好的作战方案。”

不久，军党委、志愿军司令部作战部门批准了潜伏作战方案。决心以潜伏作战的手段，拿下三九一高地！

与此同时，紧张的战前准备也在进行着。诸兵种都在行动，炮兵、工兵、坦克、后勤、电讯部门和通信兵，都在秘密地、紧张地准备着。

连、排、班的战斗计划也在制定之中。为了使计划、设想搞得更周密、更可行，九连每一名官兵都到三九一高地进行多次抵进侦察。敌人设置的12道铁丝网，也被他们剪开了8道（为防敌人发现，剪开后又挂上），还卸掉了挂在铁丝网上的照明雷，起掉了部队通道上的地雷……高地上的每条小路、每条水沟、每个明暗火力点、每棵树、每块石头，都被战士们牢牢记在心里。沙盘上的坐标，被校正得越来越准确。上级提出的各项战术要求，很快被战士们达标了。

临战的日子，一天天迫近。午休、课外活动时间都被战士们自动取消了。九连分成若干战斗小组，分头携带步枪、机枪、手雷、爆破筒，进行奔跑、匍匐、跃进、滚动、冲锋、潜伏训练。

邱少云担任三班第二战斗小组组长。他带领3名战士，针对“诸葛亮会”上摆出的困难，想出许多克服困难的办法：比如瞌睡了，就吃辣椒刺激一下；想咳嗽时，就嚼枯草或把嘴掩进预先挖好的小土坑里;有小虫叮咬,就拿布条扎紧领口、袖口、裤口；战士之间联络，就学蛙鸣、虫叫……

说来不巧，恰在战前训练的关键时刻，邱少云的大腿根处长出一个大疖子。他不许卫生员声张，命令他为自己割掉这个疖子。卫生员不愿动手，他就自己拿出剪子割脓包。卫生员拗不过他，只好打开药箱，取出一把小剪刀，又用棉球消毒……手术，就这样开始了。

做手术和接受手术的人，都同样忍受着极大的痛苦。手术结束后，邱少云已是满头大汗，棉军衣全湿透了。卫生员一面替他包扎伤口，一面吸着鼻子哭起来。

邱少云说：“哭啥子？你帮我做了一件好事。我曾经向一位朝鲜小妹妹许过愿：要替她向侵略者报仇！”

邱少云不愿在训练上与战友们拉开距离，于是带着伤痛，咬牙坚持战前训练，常常痛得大汗淋漓却一声不哼。午休、晚饭后的休息时间，他一个人钻进小树林里，身挂一个炸药包、一串手雷、一个爆破筒，一会儿匍匐，一会儿跳跃，一会儿翻滚，动作敏捷，身上携带的装具未发出一点声响。

 简短的誓言

☆☆☆☆☆

1952 年 10 月 11 日—— 反击敌三九一高地的日子到了。

这天上午，“祖国人民慰问团”来到阵地上，向每一位战士赠送了慰问品：一封慰问信、一枚抗美援朝纪念章，还有茶缸、毛巾、钢笔、止咳糖等。

连长走到大家面前，大声说：“同志们，

让我们把抗美援朝纪念章戴在胸前吧！”

战士们小心翼翼地把纪念章戴在胸前。当金光闪闪的纪念章佩戴到全连官兵的胸前时，坑道里顿时宁静了。指导员用手轻轻擦拭纪念章，对大家说；

“同志们！让我们多看看它吧！它代表祖国人民的心。纪念章图案上的光芒，表示斗争的胜利；五角星，代表咱们伟大的党，是她领导咱们取得胜利。”

指导员的声音停顿了。战士们也屏住呼吸，凝望纪念章。邱少云看着纪念章，忽然想起刚参军时，当看见朱斌连长胸前佩戴的3枚纪念章时的心情。那时，他羡慕啊！如果朱连长还活着,他的胸前该有第4枚纪念章了。邱少云眼睛模糊了，他今天在胸前也挂上了一枚纪念章，他知道这是祖国对于在危难时刻勇敢地拿起枪走上战场的勇士们的最高奖赏！

他摸一摸胸口，露出喜悦的笑容。

“同志们！祖国人民给了我们无上的光荣，我们用什么来回答他们呢？”

“拿下三九一，消灭侵略者！”战士们齐声回答。

黄昏时，战士们整齐地列队在山坡上。等待首长进行战前最后一次检阅。队前，15面锦旗猎猎飘舞，衬托出这支队伍的威武雄壮。

战士们都明白：他们将要奔赴的是怎样的战场——三面受敌包围，一面远离我方阵地，一旦有人暴露目标，500人将前进不得，后退无路，很可能全军覆灭……然而，他们中间没有一人表现出惊惶失措，充满了自豪和光荣。

新任连长今天特意穿了一件新军装。士兵们知道，只有最庄重的时刻他才肯穿新军衣。他从衣兜里掏出最心爱的、也是唯一的财产——一本硬皮笔记、一支金星钢笔、一支旱烟斗，交给留守阵地的老孔班长。战士们明白，他作好了牺牲的思想准备。

士兵们纷纷把心爱的东西，交给老孔班长。在留下的东西上写下姓名、籍贯。几乎所有的党、团员，都把积攒的津贴费交给组织作为党、团费。邱少云的心，被一种无比高尚的感情攫住。只有这时，他才深切体会到什么是慷慨赴国难。

这时，师、团首长在营长陪同下匆匆来到队前。师长大声问大家："准备好了吗？同志们！"

"一切准备好了！"全体战士齐声回答，声音震得山谷作响。

首长在队前巡视着，挨个打量战士的装束，最后一次检查战前准备情况。师长发现一个战士胳膊下边夹了一个大型炸药包，走过去。

"这个炸药包有多重？"他问。

"报告首长，16 公斤。自己扎的。"邱少云回答。

“爆炸一个双层地堡没问题？”师长问。

“没问题！炸一个子母堡也能行！”他回答说。

“好，好同志！发起总攻时就靠你们给大部队开通道路。”师长拍着他的肩膀，又转身大步走到队列前。

“同志们！”他高喊一声，“你们九连是有光荣传统的连队。在这次潜伏作战中，你们一定能克服一切困难，为九连再添荣誉。”

所有人的目光，都投向队前猎猎飘舞的15面锦旗。那些锦旗，弹洞累累，血迹斑斑，夕阳下显得格外庄严、肃穆。师长的目光变得严肃起来，目光搜过全场：

“你们将为祖国完成一项艰巨的任务。情况异常严峻：你们的突击口，选在敌人的侧后，你们将在敌人的腹部潜伏一天一夜，明天傍晚5时30分发起进攻。在这样长的时间里，你们要以高度的觉悟战胜难以想象的困难，假如有一人不慎暴露目标，那么全体人员就将遭受伤亡，不仅整个作战计划会失败，连同跟随你们一起潜伏的迫击炮排、重机枪连、高射炮连都会遭受危险。在此，我要重申一遍潜伏纪律：为了确保战斗胜利，在发起冲击之前，任何人未得到命令不许随意开枪，不许喧哗，不许大声咳嗽，不许抽烟……”

纪律，是严肃的！山一般不可撼动！然而，这纪律又是熟悉的，每一条都是官兵们在军事民主会上讨论、制定的。

师长继续说道：“战前，你们摸索了不少潜伏作战的经验。可是实战中，情况千变万化，各种意想不到的情况随时可能出现，这就要求每一名战士作好思想准备，不管发生什么情况，都必须严守军事上的信条：坚决地牺牲个体，保证整体的胜利。现在，我以军人最崇高的荣誉称呼你们，你们是最光荣的人！出发——”

立时，一支几百人的队伍向敌军固守的三九一高地潜去……

在敌人眼皮下

☆☆☆☆☆

夜，万籁俱静。除了敌人的值班机枪定时射击外，周围死一般的静。一阵阵夜风吹来，枯黄的蒿草发出沙沙的响声。

邱少云所在的爆破班，埋伏在整个潜伏区的最前面，距离敌工事只有 60 米——位于敌人第六道铁丝网内。透过草的缝隙，可清晰看见三九一高地黝黑的山体。环山野草齐胸，明暗碉堡密布，敌人的流动哨如幽灵一般移动着身子，脚下的皮靴，发出“咔”、“咔”、“咔”的响声。

邱少云和战友们潜伏在开阔地上，警惕地注视四周的一切，连呼吸都尽量控制得小些、弱些。寂静，对于潜伏作战是多么重要，然而又是多么令人焦急和难以忍耐。

夜深了，开阔地刮起一阵冷风。稀稀落落的星星打着寒战，在夜空中眨眼。岩石上落了一层寒霜。夜风裹着寒气向战士们阵阵袭来，身上都暴起鸡皮疙瘩。军衣，被露水打得透湿。有人向空气中哈口气,哈出的气体立即变成浓白的水雾。气温大概已经降至零度以下，在这样的月夜，只有潜伏在荒草中的人才能感觉到朝鲜深秋的寒冷。

阵阵寒气，让邱少云感觉透骨冰凉。他觉得嗓子有些发痒，这些日子他正患感冒。战友们看见他紧紧捂住嘴巴，顺手从身旁扯过一把蒿草塞进嘴里。蒿草又苦又涩，可是他还是顽强地吞了下去，没让自己咳嗽一声。他把脸紧紧地贴住地面……

邱少云不停地巡视自己战斗小组成员的动静。他觉得时间好像过去很久了，抬头看看天，月亮还挂在半空中几乎没动。他觉得往日时间过得特别的快，一天的训练课目还没复习好，不知不觉，东方就发白了；今天的夜，偏偏这么长——现在的时间，大概是夜间3点钟，距离明天傍晚发起总攻还仍有整整14个钟头！时间多么漫长，多么难熬！

天，终于慢慢发白了。稀稀落落的星星不知啥时隐去，天地间拉起一层乳白色的浓雾。浓雾像海水一样，在高地四周缭绕着——又一个黎明，即将来到朝鲜的土地上。

山川大地渐渐露出清晰的面容。刚才淹没在浓雾中的三九一高地也露出清晰的轮廓：山上坚石矗立，坡上密布的层层碉堡群中伸出一只只黑糊糊的枪口，直指山下。射击孔里，不时有一张张向外窥视的面孔。

此时，在湿漉漉的草丛中一动不动趴了半夜的志愿军战士们，个个感觉身子又困又乏，多想站起来伸伸腰、活动活动筋骨啊！可是动不得！动一动，居高临下的敌人就会立即发现。白天，对于潜伏部队来说更具危险性。

邱少云想到，太阳出来后草丛中的蚂蚁、蛐蛐、花蛇都会出来活动。他特别转身看了看战斗小组中的新兵。新兵把扎紧的领口、袖口抬一抬给他看，表示一点儿也不怕。邱少云笑了。他与战友用无声的表情，传递着鼓励。

多难熬呀！好容易盼到太阳懒洋洋地爬到头顶，忽然，意外的事情发生了。李伪军的一个班钻出地堡，朝邱少云他们的潜伏位置走来。

空气陡然紧张起来。风停息了，天地间的一切都凝固了。糟糕！莫非谁暴露了目标？每个人的心，都猛地缩紧，本能地握紧手中的枪。

邱少云从草缝里向四周看了看，发现四周一片寂静，没有出现异常情况。微风吹过开阔地，志愿军战士的伪装网与茅草一起抖动，凭着他细心的眼睛也看不出破绽。这时，他明白了：原来据守高地的敌人睡醒了觉，打发几名伪军下山打洗脸水。

“咔”、“咔”、“咔”，敌人的皮靴声就像从头顶上踩过。25 米、15 米、10 米……战士们都紧紧贴在地面上，呼吸也暂时停止。

还好，敌人朝小河沟走去。邱少云的战斗小组里的两名战士这才轻轻抬起头来，深呼一口气。由于紧张，他们的头上渗出一层汗珠子。邱少云迅速向两名小鬼递个眼色，暗示他们：千万不可大意。

那边，几名伪军摇摇晃晃走到小河边，放下水桶，起劲儿地伸起懒腰。看样子，他们在阴冷的地堡里蹲得太久，难得晒上暖和的阳光。几个家伙伸够了懒腰，又慢腾腾蹲在河边洗脸，一边往脸上撩水，一边争夺一块香皂。

伪军中一个领头的大个子没洗脸，在河边的石头上坐下来，慢慢点燃一支烟，一边抽一边向四下张望。埋伏在草丛中的战士们，又骤然紧张起来。万一他的眼睛看见什么……还好，这家伙什么也没发现。当他把最后一口烟吞下肚子，甩掉烟屁股，命令几个伪军提着水桶往回返。

皮靴声，又在草丛中响起。“咔”、“咔”、“咔”……空气紧张得快要爆炸。此时，敌人由下而上返回，山坡上的情况更容易看清。志愿军战士屏住呼吸，抑制住剧烈的心跳，一动也不敢动。正在这时，一个伪军一脚踩在一名潜伏战士的身上，他被异常情况吓了一大跳，连忙后退两步，撒腿就往山头跑。一边奔跑，一边朝草丛中“砰”、“砰”放了两枪。

不好！敌人发现了！逃敌一旦上山，大批搜山队伍就会立即下山，几个月的潜伏作战准备就将前功尽弃，庞大的潜伏部队将葬身在荒野之中。这时，逃敌离工事越来越近，40 米、35 米、30 米……邱少云紧张地看一看伏在不远处的班长。班长的额头上，渗出大粒的汗珠子。

突然，山坡上响起“轰”、“轰”的爆炸声。志愿军的大炮响了。

呼啸的炮弹，一颗颗射来，在山坡上筑起一道火墙。逃敌的路，被切断了。几个伪军被炸死在山坡上。

邱少云和战友们相视而笑。感到在 500 名潜伏战士的身后，有着强大的力量！他们对潜伏作战的信心更足了。

山上的守敌，似乎从刚才的情况中觉察到什么。半小时后，敌机怪叫着向开阔地扑来，山上的地堡中也射出密集的炮弹、子弹。泥土、弹片、石片如暴雨一般落在潜伏战士的头上、身上。

“千万不能动！一定要严守潜伏纪律！”战士们用目光互相提醒着。任凭子弹在头上穿梭，500 名战士没有一人躲闪。开阔地上，依然如没有人一样。

烈火真金

☆☆☆☆☆

噗！——噗！

突然，几声闷雷在开阔地上炸响。刹那间，杂草丛生的开阔地上腾起几团火焰。浓黑的烟柱，裹着断碎的草秸快速升上天空。

“畜生！”

正用望远镜观察潜伏地的志愿军各级首长，几乎同时发出狠狠的叫骂。灭绝人性的侵略者，终于使出最残忍的手段，向开阔地投下燃烧弹。战前，他们曾估计到一切可能出现的情况，可是万万没有料到，强盗会用这一手。

各级指挥所里，安静极了。愤怒，使各级指挥员的心在着火。他们十分清楚，燃烧弹会给整个作战计划带来怎样的后果！烈火，会引燃枯干的茅草；烈火，会引燃战士们的伪网；烈火，会无情地爬上战士们的身体……诚然，没有人怀疑战士们的觉悟，可是肉体对于疼痛的忍受力是有限度的！即使一个人能以顽强毅力压制住呻吟，但是剧痛所引起的身体本能的抽动，则是任何人也无法控制的。只要有人动一动，整个班排、整个潜伏部队、整个作战计划就可能遭受灭顶之灾；整个作战方案，就会失败。

指挥员们的眼睛，死死地盯住望远镜，一刻也不敢离开烈火燃烧的地方。

轰！轰！

又是一排燃烧弹打过来。顿时，茅草覆盖的开阔地上，又腾起几团烟柱。又有几处起火，噼叭爆炸的茅草急剧蔓延……

营指挥所的电话铃声急促地响起。电话中，传出九连长怒不可遏的愤怒："营长，我请求白天发起攻击！"

"请冷静一下，程连长！"营长压抑住心中的愤怒，严肃地在电话里命令道，"请相信我们的战士！他们会经得住一切考验。"

此时，只有这句话给人以宽解。各级指挥所里，又恢复了先前死一般的寂静。

此刻，潜伏区内已经开始进行防备意外情况的准备工作。炮弹，顶上了炮膛；机枪射手，托起了子弹盘……一旦上级发出反击命令，千万颗炮弹将立即冲出炮膛，不惜一切代价

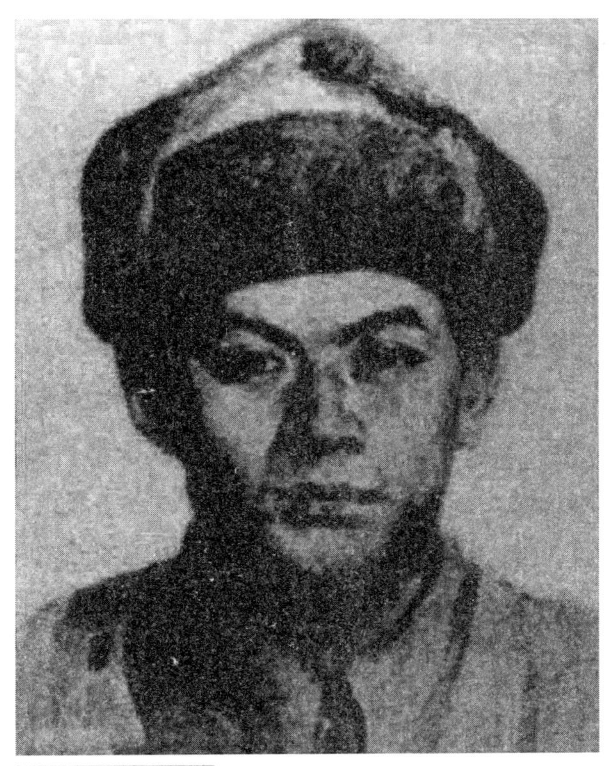

△ 邱少云(画像)

发起强攻。

烈火，在开阔地上继续燃烧着。浓烟笼罩着整个潜伏区，熏得战士们两眼淌泪，面颊乌黑。为防止烟熏咳嗽，战士们都把面孔埋进预先挖好的小土炕内。

刚才燃烧弹爆炸时，一颗燃烧弹在九连一排三班的位置上爆炸了，燃烧液溅到邱少云的左腿上。霎时间，火焰就像毒蛇一样蹿上他的棉裤，棉裤冒起一股浓烈的黑烟。

“哇！——哇！”

他的左侧，响起急促的蛙叫声。这是战斗小组的战友在呼叫。

“咕！——咕！”

他的右侧，也传来急促的斑鸠叫声。

战友们的呼唤那么急切，以至于声音都变了调。这呼唤，邱少云何尝没听见？当他的腿上刚溅上燃烧液的飞沫时，这呼唤就开始了。但他没回头，他晓得这个时候大家都为自己着急，不能再增添他们的焦虑。于是，他用暗号回答战友：一切正常，情况良好。

回答完，他把目光转向三九一高地。高地依然十分平静，没出现任何情况。齐腰深的茅草在山坡上摇晃着，地堡里的机枪还像早晨一样盲目地对开阔地射击，敌机早已悲鸣着远去，只留下几股浓烈的烟柱，在开阔地上燃烧升腾……

看样子，敌人排除了猜疑。邱少云宽慰地松了一口气。猛然间，他感觉左腿一抖，疼痛像针一样刺进皮肉。他意识到，火已烧到了小腿。

转眼间，小腿的皮肉开始“嗞嗞”作响，一股难闻的焦臭味儿从后面卷上来，身体被疼痛击得一颤。“不能动！”他马上警告自己，极力压制左腿不让它继续颤抖，但他失败了。疼痛已经引起小腿痉挛，怎么也无法抑制住，只有紧紧地贴住地面。疼痛的煎熬，使他的脸色变得灰白。

现在，展现在他面前的并不只是忍受火烧这一条路。火焰还只爬到他的小腿上，打几个滚翻，烈火很容易扑灭；他身后不远的地方，还有一条水沟。退几步跳到河里，也会安然无恙，可是，这两条路他都没选择，而选择了忍受烈火燎烤——他没有忘记上级规定的潜伏纪律，没有忘记身旁埋伏着几百名战友，没有忘记自己的誓言，情愿忍受巨大的痛苦去换取比个体生命更宝贵的胜利。

他强忍痛苦，抬起头看太阳。啊！时间一点没前进，太阳依然结实地挂在刚才的位置上，一动也没动——自己与疼痛进行的顽强、剧烈的搏斗，其实才只送走几分钟。他的头重重地沉了下去。难忍的疼痛，使他两手深深地插进泥土之中。

现在的时间，是上午11时零5分钟！距离傍晚发起总攻还有整整6小时25分钟！时间啊，为什么走得这样慢？！一名中国士兵正在烈火中忍受折磨！

烈火，继续燃烧着！太阳被钉在了空中！时间，停在了身旁！唯有熊熊烈火迅速地、无情地蔓延……

火舌，已爬上邱少云的后背！他的脊背，

在烈火中“嗞嗞”作响。

火舌，已爬上邱少云的双肩！他的双肩，腾起滚滚浓烟。

火舌，已烧着了他的头发、眉毛！

火舌，已把一位年轻士兵团团围住！

战友们的心，被撕碎了。他们扭过脸去，极力不向那边看。但他们谁也抑制不住，不能不向那个方向看去——那位正在烈火中燃烧的人，是他们最亲爱的战友！他曾与他们患难与共。他曾用瘦弱的身体给大家遮风挡雨；他曾用双肩帮他们背粮、扛枪……假如此刻，能替他解除痛苦，他们中的每个人都会毫不犹豫地替他忍受一切。可是不行！潜伏纪律不允许，更多战友的生命不允许！他们只能眼睁睁地看着他独自忍受折磨，这种心灵折磨更难忍受！

在邱少云左侧的新兵小黄的脸，紧紧贴着地皮。皮肉被蹭破，泪水顺着淌血的脸颊流下。入伍以来，他一直也没有离开过他呀！战术动作，是他教的。就连袜子、裤子也是他给补的。白天，他们一起搜山、巡逻；晚上，又常常挤进一个被窝，他不止一次贴住邱少云的耳朵，讲述自己6岁就给地主放牛，讲母亲挨饿供他读书，讲家乡的解放……多么愉快的日子啊！筑坑道，练兵，侦察，抓舌头……此刻，回忆只能给人带来更大的痛苦，他不能一再想下去，用力终止了回忆，把淌血的脸颊，紧紧贴向地皮。

对于肉体痛苦的反应，是人的本能。而本能，是不受意志支配的。然而，邱少云是以多么坚强的意志克制这种本能？！他让自己的肉体慢慢被吞噬，让自己的生命慢慢地消失。战友们听见身旁噼叭炸响的声音，觉得像一把锉刀在锉磨神经。他们再也忍受不住心灵的锉磨，全都淌出了眼泪。

在烈火中燃烧的邱少云，仍旧一动不动。剧痛，使他脸上渗出汗滴、油脂，面孔已经扭曲变形，他吃力地用眼神向战友表示："我死……也不会……动一动。"

火舌，翻卷着浓烟，继续升腾！空气变得发烫！白云被烧得彤红！时间啊，为什么走得这么慢？火焰已开始吞噬一名年轻战士的生命！

潜伏在草丛中的所有人，都做好了最坏的思想准备：一旦烈火烧爬上自己的身体，就要像邱少云一样经受住考验。

各级指挥所里，空气紧张到了极点。烈火燃烧的状况，使他们意识到最坏的事情发生了：有人被烈火烧着。掩蔽部里，沉寂得没有一点声音，彼此的心跳似乎都听得清楚。每个人都明白问题的严重性。指挥员们的眼睛，紧紧贴住望远镜，一刻不敢离开开阔地燃烧的地方。

团长的手，按住了步话机。

营长的手，按住了步话机。

连长的手，按住了步话机。

各级指挥员都做好了一切准备：一旦军首长发出提前攻击的命令，他们将立刻指挥部队讨还血债。

师长在指挥所里焦躁地看着手表，看着太阳。他甚至怀疑手表的准确性，用力摇了几次。前方潜伏区里火焰的每一下跳动，都燎烤着他的心。他这一生曾经指挥过无数次战斗，却从来没有哪一次像今天这么心绪紧张。这时，从九连指挥所传来报告："烈火烧着了九连一排三班战士邱少云。潜伏区内，情况平静。"

"邱少云？"师长极力回想着，但他想不起是否认识这名战士。他现在，只能极力克制内心的冲动，忍耐着，等待着……

△ 邱少云在烈火中

1秒……2秒……3秒——邱少云在烈火中一动不动。剧痛，已经折磨得他精疲力竭，呼吸困难。他极力支持着，不让自己松懈下去。

现在，只要一松懈，就再也没有力气与疼痛斗争了。他在烈火中熬过30分钟最艰难的时刻，再有6小时就可以向敌人发起进攻了。

他的嘴唇咬出了血，眼前是一片红雾。面孔、头发都在烈火中噼叭炸响，疼痛一次次快速向他袭击。突然，他两手一阵痉挛，头无力地倒向一边。

渐渐地，白云在他眼前消失了，蓝天在他眼前消失了，他的视力被火烧得减弱到最低程度。周围的一切声音也中断了。他恍惚觉得掉进了水潭，身体越来越沉……他拼力挣扎，极力用两眼向前看着，极力用耳朵向四处听着——

哦！他看见了！那是邱家沟！苦难的童年从那里开始。二十多年，饥饿、寒冷、欺骗、侮辱，使他对生活失去了勇气。眼看就要熬到天亮，却被保长一根索子捆去当壮丁；哦！那是沱江水吧！他在那里加入了人民军队，第一次感受到做人的尊严。在江边，他第一次知道刘胡兰、董存瑞、赵一曼……哦！那是鸭绿江吧！他在那里救出一位失去亲人的朝鲜女孩，发誓说“叔叔为你去报仇”……

哦！他听见了！“在光荣的抗美援朝战争中，

我们的名字不书英雄榜，便涂烈士碑。”这是师长说的话。“一个人，只有把自己和整体利益融合在一起，他的生活才有价值，他的生命才有意义。”这是老连长朱斌说的话。

此刻，他的心异常平静。没有一丝沮丧、痛苦。他使劲儿扭过脸去，看了看土坎下的炸药包，他想再看看自己的战友们。可是，眼前只剩下一片模糊。草，没有了；火，没有了；战友们可爱的脸，也看不见了。

不行！再看看……再看看……他拼力睁大眼睛，再次向两旁看去。终于，他的目光与战友们相遇了。

那是怎样的目光？自然，那里面有痛苦、极大的痛苦。然而凌驾于痛苦之上、使痛苦有了神圣光辉的，却是崇高、自豪、光荣。从目光中，战友们知道邱少云对他们不能援救自己毫无怨恨，相反却感激他们严守战场纪律，帮助他实现为整体、为胜利而牺牲的愿望。

战友们含着眼泪，向他点头。他看到了，满足了。他用微笑向战友们致谢。

他的双手深深插进泥土中，一动不动，像一块不可撼动的岩石……终于，开阔地上的火熄灭了，浓烟散了，烧红的云彩又恢复了原来的洁白。大朵大朵的白云聚拢着、汇集着，静静地朝天边飘去……

后　记

英雄肝胆壮山河

指挥员们的手，离开了步话机——悬在心中的石头，落地了。看来，潜伏计划万无一失。大家都放心地舒了一口气。

突然，步话机里传来九连长的报告："邱少云同志在火烧中牺牲了。一直到停止呼吸，始终保持沉默。"

什么？师、团首长的心，顿时像被什么东西揪住，一股强烈的感情猛烈地冲击他们的全身：胜利，是怎样换来的？万无一失，是怎样得到的？火、血、肉、生命……每个人的眼睛，都湿润了。尽管他们并不熟悉这名普通的战士，甚至有的第一次听见这个名字，但他们都被这名士兵的精神感动了。所有的人，不约而同地脱下军帽，向这位伟大战士致敬。

在九连指挥所里，连长、指导员慢慢放下望远镜。他们呆望着开阔地，胸口像一团乱麻，绞得发痛。战士们的立功计划、入党、入团申请书，就贴在他们的胸口上。就在 17 个小时之前，他还听见邱少云说出的一个心愿："如果我牺牲了，只希望党承认我是一名共产党员，像朱斌连长一样。”

他们眼中含泪，想立即组织冲锋，为邱少云复仇，可是他们想到整个作战计划，又不得不克制感情，极力忍耐着、忍耐着……

各级指挥所里，又恢复了死一样的寂静。

师长不停地看着手表；

团长不停地看着手表；

营长不停地看着手表；

九连长、指导员也不停地看着表——14 时……16 时……17 时……17 时半！

终于熬到了！

一颗白色信号弹，腾空而起。数十门大炮把复仇的火焰排山倒海般向敌三九一高地压过去。爆炸，烧红了天空，摇晃着大地。

刹那间，埋伏在草丛中的 500 颗“定时炸弹”一齐爆炸了。

“为邱少云烈士报仇！”九连官兵最先冲向山头。战友们抱起邱少云扎制的炸药包，冲向敌地堡。

“为邱少云烈士报仇！”九连长高喊口号，冲出掩体。

“为邱少云烈士报仇！”九连指导员高喊口号，冲了上去。

“为邱少云烈士报仇！”三班长带领爆破班，一头钻进火海。

轰！敌人的核心地堡、双层地堡被掀上天空。

轰——轰——轰！一阵接一阵巨响，整个山头像被送上了天空。

“冲啊！为了朝鲜！为了祖国！为了邱少云！”500名战士呼喊着，迎着枪林弹雨，冲上三九一高地。

敌一个加强连全部被歼，三九一高地迅速被占领。战斗，从发起总攻到解决战斗只用了30分钟。

鲜红夺目的战旗，飘扬在三九一高地的上空。

战友们站在山顶上，久久凝望着邱少云烈士牺牲的地方。他们永远记住了一位为了整体、为了胜利而牺牲的瘦弱的、沉默寡言的战士。他们怀着深深的敬意，把英雄的名字镌刻在三九一高地的陡峭石壁上，让人们世世代代记住这名伟大的士兵。

根据邱少云烈士生前的申请，部队党委追认他为中国共产党正式党员，追授“模范青年团员”称号。中国人民志愿军为邱少云追记特等功，追授“一级英雄”称号。

1952年11月6日，朝鲜民主主义人民共和国最高人民会议常任委员会特别发布政令，追授邱少云烈士“朝鲜民主主义人民共和国英雄”称号，同时授予金星奖章和一级国旗勋章。朝鲜人民的领袖金日成将军给烈士家属赠送了礼品。

1953年3月，祖国人民把邱少云烈士的忠骨运回祖国，安葬在沈阳市抗美援朝烈士陵园。每逢清明节，成千上万的工人、农民、战士、学生都到烈士墓前扫墓，祭奠英灵。

周恩来总理、陈毅副总理在朝鲜访问期间，于1958年2月7日上午冒雪来到烈士陵园，为邱少云等3名烈士敬献花圈。

郭沫若副委员长也为邱少云烈士写下诗句：

援朝抗美英雄多，

烈士少云事可歌。
高地名传三九一，
寇军徒念阿弥陀。
戳穿纸虎功长在，
缚住苍龙志不磨。
邻国金星留纪念，
英雄肝胆壮山河。

祖国，不会忘记这位忠诚的士兵。人民，不会忘记自己的优秀儿子。邱少云永远与亲爱的祖国在一起。他像一朵洁白的云霞，永远为祖国的壮丽河山增添异彩。

/100位 新中国成立以来感动中国人物/

丁晓兵　马万水　马永顺　马恒昌　马海德　中国女排五连冠群体

孔祥瑞　孔繁森　文花枝　方永刚　方红霄　毛岸英

王　杰　王　选　王　瑛　王乐义　王有德　王启民

王进喜　王顺友　邓平寿　邓建军　邓稼先　丛　飞

包起帆　史光柱　史来贺　叶　欣　甘远志　申纪兰

白芳礼　任长霞　刘文学　刘英俊　华罗庚　向秀丽

廷·巴特尔　许振超　达吾提·阿西木　邢燕子　吴大观

吴仁宝　吴天祥　吴金印　吴登云　宋鱼水　张　华

张云泉　张秉贵　张海迪　时传祥　李四光　李春燕

李桂林和陆建芬夫妇　李素芝　李梦桃　李登海　杨利伟

杨怀远　杨根思　苏　宁　谷文昌　邰丽华　邱少云

邱光华　邱娥国　陈景润　麦贤得　孟　泰　孟二冬

林　浩　林巧稚　林秀贞　欧阳海　罗映珍　罗健夫

罗盛教　草原英雄小姐妹　赵梦桃　钟南山　唐山十三农民

容国团　徐　虎　秦文贵　袁隆平　钱学森　常香玉

黄继光　彭加木　焦裕禄　蒋筑英　谢延信　韩素云

窦铁成　赖　宁　雷　锋　谭　彦　谭千秋　谭竹青

樊锦诗

图书在版编目（CIP）数据

邱少云 / 姜安著. -- 长春 : 吉林文史出版社,
2012.6（2022.4重印）
（100位新中国成立以来感动中国人物）
ISBN 978-7-5472-1100-7

Ⅰ. ①邱… Ⅱ. ①姜… Ⅲ. ①邱少云（1931～1952）
－生平事迹－青年读物②邱少云（1931～1952）－生平事
迹－少年读物 Ⅳ. ①K825.2-49

中国版本图书馆CIP数据核字(2012)第136012号

邱少云

QIUSHAOYUN

著/ 姜安
选题策划/ 王尔立　责任编辑/ 王尔立 李洁华 马华 任玉茗
装帧设计/ 韩璘
出版发行/ 吉林文史出版社
地址/ 长春市福祉大路5788号　邮编/ 130118
电话/ 0431-81629363　传真/ 0431-86037589
印刷/ 天津海德伟业印务有限公司
版次/ 2012年8月第1版 2022年4月第4次印刷
开本/ 640mm×920mm　1/16
印张/ 9　字数/ 100千
书号/ ISBN 978-7-5472-1100-7
定价/ 29.80元